Das Ideal und das Leben

© 1988 Residenz Verlag, Salzburg und Wien
Alle Rechte, insbesondere das des auszugsweisen Abdrucks
und das der photomechanischen Wiedergabe, vorbehalten
Satz: Hanna Knezourek, A-4785 Haibach/Schärding
Printed in Austria by Welsermühl, Wels
ISBN 3-7017-0552-6

ERWIN EINZINGER

Das Ideal und das Leben

Residenz Verlag

Die Schönheit machte sich auf den Weg zum Dorf. Sie verwandelte sich zuerst in viele verschiedenfarbige Schlangen. Sobald eine Schlange in die Häuser kam, wurde sie von den Menschen getötet. Sogleich kam eine andere von anderer Farbe. Zuletzt legte sich die Schönheit um das Dorf, sodaß keiner herauskonnte. Die Menschen beschossen sie, bis sie ganz voll von Pfeilen war.
Die Schönheit wuchs und wuchs so, daß sie zuletzt das ganze Dorf überragte und alle Menschen tötete. Dann verwandelte sie sich in einen Mann und weckte den anderen Mann, der sie aufgezogen hatte. Sie aßen alle Herzen der Menschen auf. Die Schönheit ist jetzt die Milchstraße.

Aus einem südamerikanischen Indianermärchen

1. HERZ

Sie fuhr die ganze Nacht durch, kam im Morgengrauen da an, wo sie geboren worden war. Eine Kette seltsamer Ereignisse hatte ihren Herzensfrieden fast zur Gänze verbraucht, Schmetterlinge und Zebras aus Filmen schwammen durch den müden Kopf, der jetzt tatsächlich nur mehr wie ein dünner Flügel ruderte.
Sie roch wahrscheinlich die Berge, und was ihr darüber hinaus wie Fluten aus einer anderen Zeit erschien, war wohl das Produkt von Müdigkeit und verschwommenen Erinnerungsresten, die lautlos über ihr zusammenschlugen, während das Hirn weiter nach Auswegen suchte.
Sie preßte ihre Zunge gegen die Schneidezähne und gab sich einen Ruck.
Nun waren wieder Schönheit, Härte in ihrem Herzen.

2. KARO

Das Gras büschelte sich, zitterte, als liefen kleine Wellen durch jede Zelle. Der Tag begann.
In einem der Haushalte, in denen man noch einen altmodischen Gummithermophor von Semperit besaß und auch in Verwendung hatte, wurden Jausenbrote übereinandergelegt. Eine Frau im zart karierten Morgenrock und mit kleinen Augen schob nun die Jause – sie hatte die Brote noch in eine Serviette geschlagen – über den Tisch an eine braune Aktentasche heran, vor der ein kurzgeschorener grauhaariger Mann stand und sich mit der Faust über das Kinn rieb, als es an der Tür läutete.
Während Mann und Frau einander überrascht anblickten, verkündete der Nachrichtensprecher im Rundfunk, daß in der Nacht die Sommerzeit begonnen habe.
Die Frau strich mit einer Hand über ihre Lenden, der Mann ging mit Entschlossenheit an die Tür. Ganze Jahre wurden hart und versanken.

3. STARE, STARS

Die ersten Leberblümchen, die ersten Zugvögel zeigen sich. Und hoch oben zwei leichte Aufklärer, SAAB 105 XT. Am Boden, auf der Erdkruste, auf der Straße, im Dreck: eine Einladung zu einem Bauherrenabend, bei dem es als Geschenk eine Fibel für Baulustige geben soll, gewidmet von einem hier bekannten Baustoffhersteller. Und die Frauen der auf dem Bauherrenabend noch baulustiger Gewordenen hängen währenddessen wahrscheinlich daheim über ihren Strickmaschinen und Rezeptbüchern, zwinkern dem sogenannten Stargast der sogenannten Talkshow zu oder ärgern sich über einen Reißverschluß und wollen irgendwann heimlich jemand anderer sein, aber das geht nicht.

4. SELTEN BEFAHRENE MEERE

Sagen tun sie, daß der Mann ihr erst in der Hochzeitsnacht verraten habe, daß er noch ein anderes lediges Kind hat, einen Sohn. Sie selber gebiert ihm nichts, steht aber neben der Haus- und Hofarbeit an drei Tagen der Woche im Polstermöbelwerk, in der Mantelausgabe, ist also eine Art Garderobendame. Hier fangen die Wunder an. Weiß die doch glatt bald von fast allen dreihundert Arbeitern und Arbeiterinnen die Mantelplatznummer und steht, wenn sie einen kommen sieht, auch schon mit dem Mantel da, ohne daß man ihr erst die Nummer sagen muß. Eine Verläßliche also, mit Fähigkeiten.

Der Mann fängt schon bald nach der Heirat eine neue Gaudi mit einer ganz jungen Bäuerin an, die zugleich Wirtin ist, fährt jede Woche zu ihr, und alle wissen es, auch sie, die frische Ehefrau. Einmal, an einem Vormittag, besitzt diese Bauernwirtin dann die Frechheit, ihr persönlich unter die Augen zu treten und sogar noch groß aufzudrehen und ihr klarzumachen, daß ihr Angetrauter jetzt auch ihr gehöre und sie sich ohnehin bald schleichen könne. Und so weiter.

Sonderbar freilich: Je mehr der Mann sich als der Hundianer

entpuppt, der er einfach ist, desto mehr gewinnt sie auf einmal den Buben lieb, der jetzt sogar hier lebt, obwohl er gar nicht der ihre ist. Sie würde alles für ihn geben, selbst eine ihrer Nieren, wenn er sie nur bräuchte, aber er braucht sie ja nicht, nur Geld.

Einmal, der Bub war gerade erst mit dem Moped nach Hause gekommen, stand sie im Garten, grub Kren aus, und plötzlich hörte sie ihn im Stall ganz laut singen, schön und frei, wie sie ihm das nie zugetraut hätte, und sie hielt inne und hörte nur mehr zu, und es war ihr, als erstrecke sich ein Meer hinter dem Garten, sein Rauschen hat sie noch im Kopf. Dann, nach einiger Zeit, hörte der Gesang auf, der Bub kam aus dem Stall heraus, sah sie vor den Krenblättern stehen und wußte nicht, warum sie so schaute. Er ging ein paar Schritte zur Seite, hantierte am alten Zementschlitten herum und verschwand wieder. Mit dem Singen aber war es aus jetzt, das hat sie gleich gewußt. Sie stand trotzdem noch eine Weile da, als ließe sie sich jetzt eben von der Stille weitertragen, die um sie und den Stall und die Krenblätter sich aufbaute.

Letztens, an einem der ersten richtigen Frühjahrsabende, steht sie in der nach einem Streit mit dem Mann halbzerstörten Küche. Eimer, ein Schneidbrettl, ein Tonkrug (zerbrochen) liegen herum. Nun zurücktasten: Was ist wann und in welcher Abfolge also geschehen? War der Mann nur wieder lästig, weil sein Abszeß in der Kniekehle nicht besser wurde, sodaß er sich fast ununterbrochen kratzen hätte können, und das Kratzen machte alles noch schlechter?

5. IN DEN MINUTEN

Eine Welle von Müdigkeit und Langeweile ging über die Verkäuferinnen in der Herrenschuhabteilung hinweg. Es war die blaue Stunde nach der Mittagspause, es tat sich nichts, aber man mußte dennoch da sein.

Frau Elvira streichelte den Schuhlöffel, Fräulein Maria, die

sich lieber Micki nennen ließ, preßte ihre Finger sehr fest um beide Handgelenke.
Die Frauen hatten jetzt weder Lust auf einen kleinen Scherz, noch wollte man einander etwas von daheim erzählen, und Schuhe herzeigen konnten sie auch nicht, weil nicht einmal jemand zum Anschauen oder Anprobieren kam, seit acht Minuten schon.
Endlich hatte Frau Brandstaller, die an der Kasse stand, die Idee, schon jetzt den Nescafé zu machen. Alle waren dafür.

6. ACHSEN

Man trieb sich auf der Straße herum und half kranken Leuten über die Fahrbahn. Man besserte Frostschäden aus und notierte die Nummer des Wagens der Freundin des Jägers. Man drückte dem Blumenhändler die Fensterscheibe ein und brachte alles wieder in Ordnung. Man kam, sah und siegte bisweilen, wenn auch nicht immer in dieser Reihenfolge.
Andererseits aber hockte ein vor wenigen Tagen Vater Gewordener mit herabgelassenen Hosen im Bachbett und murmelte etwas von Medikamenten oder Ornamenten, ein Lehrling schoß mit einem Luftdruckgewehr aus einem Fenster nach einer als Ziel aufgestellten leeren Keli-Flasche, traf statt dessen seine Schwester, und ein Kleinbus einer Trachtenmodenfirma schleuderte ganz knapp vor einer Brücke von der Fahrbahn, brach durch steile Gebüsche und zerschellte an zwei Felsen, an denen noch am Tag danach vereinzelt Stücke aus der Trachtenmoden-Frühjahrskollektion besagter Firma lagen.
Es geschah eben dies, und es geschah auch jenes, und wer frei von Schuld war, warf den nächsten Stein.

7. AUF

Ein Heftpflaster im Waschbecken. Der Regen hatte aufgehört: Lichtkuppeln. Ein Kübel voll Asche neben der neu furnierten Tür.
Die ehemals kaufmännische Angestellte zernagte nicht länger ihre Lippen.
Gab es eine Entscheidung, die wie ein hartes Horn durch das Geplätscher fahren würde? Für Leute wie sie wäre es leicht, sich in allerlei Nischen zu verkriechen oder sich einfach in aller Stille davonzumachen. Trotzdem: Da saß sie also endlich! Abfahrt gegen halb vier, die Ingeborg hatte noch einmal angerufen.
Sicher, auch das gab es: Einen Punkt, von dem aus man sagen konnte, daß ohnehin schon fast alles egal wäre. Den aber galt es eben schnellstens zu überwinden, auch wenn dazu viel mehr vonnöten war als der gelangweilte Blick einer Provinzschönheit, die jetzt wieder ohne Eile mit der Nagelfeile hantierte.

8. AN DER QUELLE

Die Stelle, an der das Wasser aus dem Berg herausfährt, ist mit Holzlatten eingezäunt. Nach wenigen Metern bereits ein funktionierendes kleines Wasserrad! Das Rad dreht eine mit Zahnrädern verbundene Spindel, die den Kopf einer geschnitzten Puppe kreisen läßt. Bald wird das Gewässer breiter. Die Steine am Rand des Bachbetts sind glitschig, das läßt sich denken. Ein Teil des Wassers wird schon hier abgezweigt und schießt in einer hölzernen Rinne weiter, deren Gefälle etwas flacher ist als das des Bachs, sodaß die Holzkonstruktion bald ein Stück über dem Bachbett verläuft. Weiter unten überquert sie dann bereits die Straße, bei starkem Wind treibt es die oberste Schicht des Wassers aus der Rinne heraus und läßt sie als feinen Vorhang über die Staubstraße niedergehen, glitzernd, hell, je nach Lichteinfall.

Was hier schon alles gefunden wurde? Ein alter Schlitten mit Metallkufen und -verstrebungen, die das kleine Gefährt schwer wie eine Milchkanne machten. Holz, viel Holz. Ein Zwanzigschillingschein. Ein zerrissenes Blatt aus einer Flötenschule mit der Anweisung: heiter, beschwingt. Ein Federballschläger mit beschädigtem Schlagnetz. Taschentücher, Abzeichen. Eine Tonkassette mit Marschliedern.

9. SPEKTRUM

Hatte er eine Sekunde zu lange gezögert, bevor er die Zehnerpackung Grablichter in die Einkaufstasche verfrachtete? Die Kassafrau trug ein Regenbogenhalstuch über einem grünen Wollkleid, natürlich war auch die Strumpfhose grün: tiefes Gift! Die Momente danach liefen auseinander in mächtigen Wogen, es war also ein Rollen, kein Zittern. Eine Woche zuvor noch war er mit Fieber durch den Regen gezogen, heiß und schwer, ohne Worte. Es war ein schmieriger Dienstag geworden, ein Tag wie geschaffen, um aus der Rolle zu fallen, und die junge Benzintante hatte ihm durch die Glastür heraus und über Ölflecken hinweg, die in allen Regenbogenfarben schillerten, zugewunken, ein schneller, tückischer Gruß, auf den er so nicht eingehen hatte wollen. Hätte dagegen irgendwo ein Baby geschrien wie am Spieß, er hätte sofort miteingestimmt, um endlich alles andere zu überbrüllen.
Er trug jetzt die PVC-Tasche ohne Umstände aus dem Geschäft hinaus, streifte nirgends an, schwang sich über den Gehsteig, näherte sich den öffentlichen Gebäuden, sah den Rock'n'Roll-Doktor mit seiner Freundin in einen verdreckten Audi steigen, atmete durch und nahm die Tasche nun in die andere Hand, die ausgerastet war und jeder Aufgabe gewachsen.

10. AUSSER REICHWEITE

Eine Fliege legt Eier in die erkaltete weiße Fettschicht am Rand des Tellers, die Uhr ist immer noch nicht stehengeblieben.
Kleingeld, Zeitungen, im Ofentürl zarte Asche. Die Maserung des Holzes in der Kellertür.
Schließt man jetzt bedingungslos die Augen, wie viele Leben haben dann Platz hier?
Ein Tag ist so kurz!

11. ENTEN

Die Frauen trugen die toten Vögel herein, sie hatten sie an den Beinen gepackt.
Später gingen sie bei der Schwingtür raus, stiegen in den Kleinbus der Geflügelfarm. Drüben im Dunkel das Wasser.
Konnte es den Frauen wirklich egal sein, als was sie in der Unterhaltung am Tisch dann bezeichnet wurden, während sie schon längst wieder unterwegs waren?
Eine Großgewachsene, die aber vielleicht die Jüngste von allen war und als letzte hinausgegangen, hatte die Autoschlüssel gehabt und wahrscheinlich auch den Wagen gesteuert.
Die Kraft, die tatsächlich in ihr stecken mußte, nicht nur im Körper!
Am Nebentisch die beiden Fleischhauer in ihren Mastkörpern, sie waren nach einem Berufsgruppentreffen in der Landeshauptstadt hier gelandet und kommentierten nun ihre Anschauungen, machten einander Mut und flogen die junge Kellnerin herausfordernd an, als könnte die auch nur das geringste Interesse an ihren mühsamen Scherzen haben.

12. DAS LETZTE STROH

Er kniete nieder, vier Meter neben der Hundehütte, und betete in sein Hirn hinein. Es sah schlimm aus. Verstolperte Tage, fernsehblöde Oberflächen, und alles, was ihm wirklich wichtig war, war ihm letzten Endes mißlungen. Ein wenig Augenwasser flutete auseinander und legte sich wie ein Film über die Tatsachen.
Auch Kinder würde er also keine haben, seiner eigenen Schätzung nach, und er war bereit, das zu verschmerzen wie all das andere auch.
Er stand auf, ging auf den Hund zu, strich die Finger durch sein Fell. Der Hund streckte den Hals durch, schloß die Augen. Was der jetzt denken mochte?
Da fingen auf einmal wie auf Bestellung die Kirchenglocken zu lärmen an, sechs Uhr, ein Abend, leicht bewölkt. Mehr nicht.

13. LICHTER UND IRRLICHTER

Einmal ergab sich hier folgendes: Es war später Abend, nur wenige Menschen waren noch wach, da zeigte die junge Hannelore einem alten, mürrischen Elektriker den Weg durch den heimatlichen Sumpf. Wie in einer Geschichte jedoch stolperten sie, lagen plötzlich nebeneinander und sanken immer tiefer in den Morast. Und alles nahm seinen Lauf; und was sich später als so unwahrscheinlich und hilfreich herausstellen sollte, tauchte schon in diesen Momenten in Kopf und Herz fast zur selben Zeit auf. Und alles ging gut aus, obwohl noch so vieles bevorstand. Hannelore gebar im Jahr darauf, noch selbst ein halbes Kind, einen gesunden Sohn, der wurde Bertram genannt, ist aufgeweckt und interessiert sich für so vieles. Der alte Elektriker aber siedelte sich, nachdem er seine Ennstaler Heimat verlassen hatte, in der Landschaft an, wo er Hannelore erstmals getroffen hatte, und in den Jahren, die ihm noch blieben, wurde er zum Guten Geist und festen Bestandteil der Sippe, indem man ihn ohne Umschweife als Bertrams Vater betrachtete, der er aber seltsamerweise nicht war. Was an der ganzen Geschichte darüberhinaus noch dran ist, weiß hier wahrscheinlich nur Hannelore, und die ist, obwohl erst dreiundzwanzig, schon schlau wie eine Füchsin und vorsichtig wie ein Okapi. Die Erde, scherzte sie einmal, ist eine Scheibe. Wenn man immer weiter hinausstrebt, kommt man an den Rand. Dort beginnen die Sümpfe.

14. FRÜHLINGSSTIMMENWALZER

Noch seltener als der vom Aussterben bedrohte chinesische Pandabär ist der europäische Seeadler geworden. Die Post hat deshalb eine Sondermarke »Seeadler« herausgegeben, immerhin.
Die Elektrofrau, gelegentliche Leserbriefschreiberin mit vielseitigen Interessen, hat auch diese Marke in ihrer Europa-Sammlung. Und sie hat gerade einen Brief an ihren Sohn geschrieben, der wegen einer angeblich geringfügigen Sache bei den Barmherzigen Brüdern liegt und immer noch nicht operiert ist. Sie schickt dem Sohn einen Brocken festen Specks, Brot kriegt er ohnehin im Krankenhaus auch.
Auf dem Heimweg von der Post geht sie langsamer, bremst fast bei jedem Schritt. Wie die Luft schon wieder duftet und singt!

15. INTERMEZZO

Große Momente hat auch das Haustier, das in der Ecke schnüffelt und immer wieder fragend die Ohren hebt, während die beiden Familien einander befetzen. Niemand versucht jetzt noch schmissig zu sein oder die Situation irgendwie zu retten; und niemand will nun etwas mit dem Geburtstag zu tun haben, der ausnahmsweise auf einen Sonntag gefallen ist. Bald wird es zum Aufbruch kommen, bald werden die Glocken nach Rom fliegen, bald wird der Jüngste die Mokassins tragen können, die man ihm in zartes Babypapier eingepackt hat.

16. IM TAGESRAUSCH

Der erste Kohlweißling!
Die Augen hetzen herum, ohne viel mehr zu erzählen als das. Und schon wieder die Zeit, da die Wäsche überall nur noch im Freien aufgehängt wird, flatternde Leinen, flatternde Linien.
In den Zimmern friedliche Stille bei teilweise geöffneten Fenstern. Da und dort mag jemand schlummern oder warten, ohne die glatten Flächen zu zerreißen. Auch das Mädchen mit der Gitarre hat das Instrument jetzt abgestellt und sich hingelegt, aber die Augen sind noch offen. Warten, warten auf den ersten Hauch, der den innersten Tönen vorausgeht.
Geht jemand durch die Straßen und sprenkelt geweihtes Wasser über die Oberflächen, seelenvolle Blicke?
Der halbe Tag hat kaum mehr als dreißig Minuten gedauert, und immer wieder zeigten sich diese fliehenden Stirnen, hinter denen alles nur noch schneller verschwand.

17. A DAY IN THE LIFE

Er freut sich ja ohnehin mit ihm und ist dem Trottel auch vergönnt, daß er jetzt endlich sein Motorfahrrad bekommen hat und in weniger als zwei Wochen das Fahren darauf erlernen konnte, aber daß der jetzt bis zu vierzigmal am Tag ums Haus fahren muß oder am Parkplatz die längste Zeit sinnlose Achter dreht, ist eigentlich nicht mehr ganz einzusehen.
Er geht kurz zum Tümpel hinüber, sieht ein paar verendete Reptilien. Die zarten Knochen der toten Frösche! Die bleichgraue Haut treibt wie Rauch an den Rändern des Gewässers,

dunklere Linien nur noch in der ebenfalls mehr und mehr zerfallenden Rückenpartie. Ein verfärbtes Stück Papier schwimmt im Tümpel, kreist an der Wasseroberfläche. Er nimmt es heraus und sieht, daß an der Unterseite zahllose Wasserschneckeneier kleben, winzige gallertige Kugeln. Er wirft die zu Ende gerauchte Zigarette weg, trifft seinen Hund, der ihm unauffällig gefolgt ist. Der schüttelt sich nur, geht keineswegs in Flammen auf. Oben auf der Straße ist jetzt eine Frau zu sehen, die eine Halsmanschette trägt. Man hatte sie also offenbar bis zum Hals hinauf eingegipst und nun wieder ins Freie entlassen mit diesem Behelf, der sie... nichts, gar nichts, ist ja schon gut.
Am Nachmittag könnte er, wenn sich der Regen noch Zeit ließe, wieder zum Fluß hinüberwandeln, nachschauen, ob sie ihn nicht womöglich überhaupt schon zugeschüttet haben.
Und abends dann den Osterdreck wegputzen.

18. VORBEHALTE

Abends fährt er sie zu den Schienen hinauf, die Stimme fast schon ohne Ton. Wenn er sie unterwegs aussteigen läßt und sie geht zurück zu ihren geschissenen Hühnern, kann er nur warten und stark bleiben. Oder sich ein kaltes Herz in den Kopf schießen.
Was dann aber wirklich geschieht, ist folgendes: Er schlägt ihr aufs Kinn, spuckt ihren Kragen an, ohne das als Ausrutscher zu tarnen. Königliches Gestotter. Er starrt ihre Umrisse an wie ein Schwert und spürt nur mehr Haß, mit dem Rücken zur Wand. Während er sie dann anschreit, hört sie ihm zu, weist schließlich darauf hin, daß sie dringend nach Hause müsse zu ihrem kranken Baby. Sie bringt das ganz ruhig zur Sprache und steigt auch schon aus, als er nicht reagiert. Und es glüht der Abend, verzehrt seine eigenen Reste.

19. FLUSSWUNDER

Die Minuten vor dem Regen. Fröschequaken. Und das Gras vom Vorjahr, wie es dahing. Manchmal kam ganz kurz und wie mit einem Ruck Bewegung in die Büschel, ein Zittern, vorbei. Einer der Frösche sprang bergauf, hangwärts, und mußte immer wieder ausrasten mit fliegender Lunge, bevor er zum nächsten Sprung ansetzte, in dessen Folge er ein Stück zurückkollern würde, ohne deshalb aufzugeben. Dann das Schnarren einer im Wasser verhoffenden Kröte, ein Schnattern fast schon, das abrupt endete, als das Tier sich umdrehte und breit rudernd wie eine Schildkröte ins Tiefe hin abtauchte. Wenig Platz zwischen den Tagen. Und: Eines Nachts aber fielen die Tränen wie Regen...

20. SPÄT

Die Schleie war gerade bis zur Afterflosse verzehrt, als der Hund bei der Tür hereinschlich, eine Briefmarke auf das Stirnfell geklebt.
Nachher die Fernseherei, ein Weißwein, dann – weil sie um keinen Preis hier schlafen wollte – ins Hotel zurück. Dort schaute sie lange beim Fenster hinaus, dunkle Gärten, weiter draußen manchmal noch ein Auto. Im Nachtkästchen die völlig unberührt aussehende Bibel.
Stunden später, tief in der Nacht, stöhnte jemand im Nebenzimmer auf, dann rauschte das Klo. Noch bevor es draußen hell wurde, brachen die Vögel – unglaublich viele mußten es sein – in ihre Gesänge aus. Manche schrien ganz besonders laut, wie von Sinnen und aus großer Nähe; die Luft war kalt, duftete aber.

21. GUGEL MUGEL

Als er hinaustrat, war bereits schweres Öl um ihn.
Ein Kind im Jägerkleid lief an der Hausmauer entlang: Den Mund in der Schlinge! Es gehörte ganz einfach dazu, daß die Wildheit jetzt zu federn begann, daß eine junge Frau vorüberhetzte, die sich beinahe die Beine herausschrauben zu wollen schien, so eilig mußte sie es haben. Ein staubiges Blech lag herum, auf das in Kürze schon fetter, schwerer Regen fallen hätte können. Worin würde das alles gipfeln? Würde die Frau nun kehrtmachen und ihm erzählen, daß ihr soeben jemand die Nase abbeißen habe wollen? Panthersprünge von einem Moment zum nächsten. Aber kein Schädelfieber.
Ein scharf gesprenkelter Häher landete in den Weiden vor dem alten Löschteich; die Katze hatte ein wenig vom Froschlaich gekostet, gallertige Fäden hingen ihr aus dem Maul.

22. SAUM

Die Meise hat ihr Ei gelegt, vielleicht auch schon ein zweites oder drittes. Vor dem Wald hinter dem Bach rösten Kinder Haushaltsabfälle, dann und wann erhebt sich eines von ihnen und fuchtelt aufgeregt mit den Armen herum. Zwei Läufer in hellen Trainingsanzügen schnaufen den Weg entlang und schweißeln. Und alle Hunde bellen gleichzeitig. Vor den Häusern aber leuchten die Farben; Wäschekörbe, Eimer, die leeren Flaschen. Eine Pferdebürste liegt auf einem Kilometerstein, es riecht nach scharfem Blumenkraut. Und dennoch: Man ist müde geworden und mutlos und arbeitet nicht mehr so eifrig wie früher, steht in der Zeitung, die am Vormittag auf den Tisch kam.

23. KÜCHE

Die Mutter kaute Lakritzen, der Sohn strich die Zeitung glatt. Heiße, brennende Ohren, und draußen warf jemand im Dunkel kleine Steine gegen die Eternitverkleidung. Ein fernes Meer schickte frisches Wetter, es schabte den grauen Horizont entlang und war schon fast tatsächlich da, spätestens morgen.
Nun erhob sich die Frau, räumte den Kühlschrank aus, um ihn noch schnell abzutauen. Die Angst, plötzlich alles richtig zu machen in einem Leben, durch das sich tapfere Strichmännchen und -weibchen hindurchbewegten, weil es nun einmal so sein sollte!
Am Nachmittag hatte sie ein Pfadfinderlos gekauft, es kurz darauf jedoch schon weggeworfen. Sie war ins Kino gegangen und hatte eine Frau gesehen, die das Kommando über eine Flotte von Cadillacs führte, um am Ende einzig und allein den Wunsch zu haben, mit ihren Nächsten in einer kleinen Hütte im Gebirge zu leben. Der Wunsch ging nicht in Erfüllung. Der Film spielte in Seattle und ging schlimm aus, damit hatte sie gerechnet. Nach dem Kino schlenderte sie heim, zögernd, aber ohne Umwege. Ihr Sohn kam wenig später.

24. ODER HIER

Fad und verschüttet: die im Innersten unruhig flatternde kleine Stadt. Wilde, zurückgelehnte Häuser, in denen ununterbrochen geatmet wird. Vor einer Haustür eine mit Schweißbrenner leergebrannte Mülltonne. Im ersten Stock lehnt sich jemand weit hinaus, wirft Rosen aus dem Fenster, bellt kurz. Zehn-Uhr-Engel gehen unten vorbei, drehen langsam die Köpfe nach oben, machen »Bäh!«, bellen aber nicht.
Skizzen dazu, auf Tränenpapier: erste Übungen im Marschieren durch den eigenen Schutt. Vorzimmerfinger in den Haaren, der hellblaue Mantel schon am Boden. Großer Unter-

schied: Die Wände singen nicht. Aber der Frühling jault auf, beginnt nun seinerseits zu bellen. Er zeigt scharfe, nasse Oberflächen, die das Licht abprallen lassen, und darunter die tiefe Färbung, die nun als Dunkel erscheint, obwohl es sich zugleich auch um so etwas wie eine Dritte Steigerung handelt.

25. LINIEN

Früher schlug hier ein- bis zweimal im Jahr ein Zirkus sein Zelt auf, blieb zwei drei Tage. Heute ziehen sich Asphaltbahnen über die ehemalige Wiesenfläche, Pensionisten und Freizeitsportler zielen auf die hölzerne Taube, die an einer mit einem gelben Punkt markierten Stelle aufliegt und meist schon mit dem ersten Schub weggetragen wird, sodaß sich sofort eine neue Situation ergibt.
Weiter drüben, bei den Altglascontainern, steht ein Einkaufswagen, vergessen, versteckt, gestohlen? Er steht ganz gut da, da wo er steht.

26. NERVEN

Am Ende der Woche wird Lambert in ein Postkartenspiel verwickelt, er bekommt nacheinander sieben Karten zugeschickt mit irgendeinem Spruch, in dem der Friede für die Welt gefordert wird. Lambert legt die Karten nebeneinander, vergleicht die Schriften, lacht sich eins. Da kommt die Jutta im Wagen, neben ihr ein weiblicher Flegel vom Land – blau bemalte Lippen, Kälte als Umgangsform, Spitzname Flansch. Jutta steigt aus, Flansch kommt erst ein wenig später nach; sie trägt dann einen Beutel mit zerdrückten Glühbirnen, die feinen Glasscherben knistern bei fast jedem Schritt. Sie will wie Jutta, das sieht man ihr an, eine ganz neue Welt, aber bitte sofort. Sie trägt bemalte Rindslederstiefel, die Hosenträger laufen schräg zusammen, in der Verlängerung treffen sie sich etwa beim Hirn.

Lambert spielt mit seinen Adern, Unterarm rechts. Setzt euch. Jutta und Flansch, oder wie die Begleiterin nun wirklich heißt, bleiben stehen, schauen sich um. Lambert beugt lautlos den Arm, streckt ihn federnd aus. Grüß euch. Jutta sagt nichts, Flansch aber murmelt und nimmt eine halbe Glühbirne aus dem Sack, spielt mit dem scharfen Bruchstück, reibt einen Fingernagel über die Glaskante. Dann sagt sie, sie will jetzt bitte einen Kakao. Ihr Kleid ist ein alter Schilehrerpullover, frisch geschleudert.
Man hört eine leise maulende Ente, oder es ist eine sehr laut schimpfende Kröte. Lambert greift nach Juttas Arm, schiebt seine Finger zwischen ihre, bis ein fester Fingerzaun entsteht. Lambert dreht den Kopf jetzt Flansch zu; ach, du mit deinem Kakao... – Der Zaun hält. Lambert zu Flansch: Eine aufgewärmte Rindsroulade kannst du haben, und auf dem Tisch stehen Sumpfdotterblumen, die sind frisch. Der Tisch, den er meint, ist eher eine genagelte Hausbank ohne Haus, an den beiden Längsseiten liegen auf Holzklötze aufgestützte feste Bretter, niedriger natürlich als die Tischfläche. Zwei Ameisen machen sich in einer Holzrille zu schaffen, laufen dann quer über den Tisch, machen auch an dessen Rand nicht halt, sondern gehen nun wohl die Unterseite der Bretter an, mit den winzigen Beinen nach oben, anders geht es ja nicht.

27. VIER UHR

Grüne Felder, Industriezonen, eins neben dem anderen. Die Luft so asiatisch! Was passiert hier, wenn jemand aus Übermut um Hilfe ruft?
Eine schnelle Drehung in der Hüfte, ein Stoß mit dem Knie, jedes für sich kann Lebendigkeit vortäuschen. So viele Turnschuhfans! Ein junger Mann mit einem Haarreifen! Und vor dem Konsum werfen einander zwei Buben eine Packung Milch zu, mit Gefühl, quer über die Straße!
In einer Auslage, umringt von sauberen Lebensmitteln: eine Schatulle. Ob etwas drin sein mag?

28. KRAFTFELD

Geschälte Baumstämme am Bach. Ein keuchender Morgensportler rennt an den Weiden entlang, schiebt mit beiden Händen sein Stirnband höher. Schon verblassen die Sterne.
Ein neuer Schweinetag, verwackelte Ränder, die langsam quirlig werden wie der alte Biervater. Man findet das im Vater, und man findet es im Sohn: das Selbstmitleid, das Raunzen und die aufwendig gespielten Kämpfe. Jetzt freilich sind die beiden still, sie arbeiten im Stall, die Gesichter noch steif von den Frühnachrichten. Aber auch die Chefin ist schon auf den Beinen, sie schleppt eine Milchkanne über den Hof. Später packt sie die Ziege bei den Hörnern, zwingt sie sanft, ihr aus dem Stall zu folgen. Ihr langgestreckter, entschlossener Schädel!
Wenige Tage zuvor hatten Kinder hinter diesem Stall heilige Messe gespielt, hatten gepredigt und zugehört, das Wunder mit Brot und Wein aufgeführt, wenn auch mit Pannen und natürlich ohne Wein.
Nun aber von all dem nichts. Oder nur ein feines Zittern in der Taulandschaft: Es ist noch kalt.

29. ERBSENPÜREE

Man brachte das Mahl in einem Blechkübel, der in einen rollbaren Warmhaltewagen eingelassen war, leerte es ihm auf den Teller, schob es ein wenig zurecht. Wie es noch dampfte, als er es dann am Tisch hatte! Mehr brauchte er ja nicht! Wärme und einen Rest von Zuneigung, oder wie das Zeug heißt. Die Lippen brannten vor Freude, ein Nachglühen von vorhin: Kaum zwei Stunden war es nämlich erst aus, daß er von seiner frisch geschiedenen Tochter eine Ansichtskarte mit den gigantischen Wohnblocks von Alt-Erlaa bekommen hatte und dazu die Einladung, sie doch über die Pfingsttage in ihrer neuen Wohnung zu besuchen, sie würde ihn ohnehin am Bahnhof abholen.

Der Eisenbahner im Ruhestand knöpfte den obersten Knopf seines Leinenhemds auf und nahm das Besteck, um mit dem Essen zu beginnen. Zehn Minuten später ging er ans Fenster, um es zu kippen, und sah unten auf der Straße, hoch auf dem gelben Fahrrad, Frau Bagl vorüberfahren, rehgraue Bluse, besonnener Blick.

30. FÖHN

Warmer Wind aus dem Süden. Eine Ziege stand in der Wallnerwiese, rupfte, stapfte langsam herum. Zotteln, Grind, das Fächeln mit den Ohren. Die festen Haare am Kinnrand! Eine kräftige Ziegenstatur durch und durch. Dann flog ihr ein Schmetterling am Horn vorbei! Und der alte Baumeister schritt mit weit offenem Mund die Bundesstraße entlang, suchte er wieder sein Auto?
Auf dem Parkplatz spielten die Kinder mit Rollschuhen Fußball, in den Gärten lagen die Nachbarn auf der Lauer, warteten darauf, daß ihr Flieder als erster zu blühen beginne.
Im Fernsehen gegen sieben Uhr abends dann Afrika, Hyänen.

31. FAST MARMOR

Der Vormittag, der Nachmittag: Loidl arbeitet, Loidl ruht, Loidl geht im Kreis. Und: Loidl spielt erneut den Specht. Seine Venen treten im Halbrelief hervor, graublau, machen Tempo. Loidl hängt den Schlüssel an den Haken. Er preist keine Sekunde lang die Selbstzerstörung. Er spricht. Er deutet an, daß er für den Urlaub eine Dampferfahrt nach Ungarn in Erwägung zieht. Der Abend, die Nacht: Herr Loidl betritt die Detzlhofer Bar. Sieht fette, blutrote, riesige Augen. Und eine der Wände: mit Polaroidfotos überzogen. Und finstere Blumen im Eck. Herr Loidl beendet jetzt eine Woche, an deren Beginn er erstmals als Schöffe geladen worden ist, nachdem er zunächst einmal tagelang gerätselt hat, warum

und wie man ausgerechnet auf ihn gekommen sein könnte. Aber er tat natürlich, was man von ihm verlangte: Schöffe Loidl hörte die Anklage, sah den jugendlich wirkenden Täter und war nach einiger Zeit der Beratung dazu aufgefordert, nach eigenem Wissen und Gewissen seine Meinung – ein Urteil betreffend – kundzutun. Pikante Sachen also.
Jetzt aber spritzen die Augenblicke wieder auseinander wie zerquetschte Früchte. Dazu viel Laues, Bierschalen, Gesichter voll Wein. Jammervoll, den Blick zur Kante, läßt Loidl sich auf einem Dreiertisch leise nieder. Er sitzt. Er sitzt auch später noch. Er sitzt so lange, bis er wieder den vorvorletzten Tropfen Weiß in seinem Kelch erkennen kann: mehrmals. Auf dem Rückweg ist die Landschaft mondhell, sogar die in einem Garten herumliegenden, mit Erde aufgefüllten und als Rundblumenbeet dienenden Autoreifen sind deutlich als solche zu erkennen.

32. ZWEI ZIMMER

Sie klebt Butterpapier, auf das sie mit Bleistift geschrieben hat, über das Foto, schneidet die überstehenden Ränder ab und überklebt die deckungsgleichen Kanten mit Tixo. Ein wenig gereizt geht sie ans Telefon, ohne das Foto aus der Hand zu legen. Über die Fenster und Mauern wischt wieder der Regen; Gewäsch, Geflüster.
Die stockende Sprache!
Schon schützt die Hand mit der Fotografie den Bauch.
Akrobatin!
Der Hartholzboden!
Sie öffnet ein wenig ihr Kleid, während sie den Hörer mit dem Kinn festklemmt.

33. MOORDOTTERBLUMEN

Ihn selbst störte vielleicht sein wilder Mundgeruch noch gar nicht, er nahm ihn wahrscheinlich auch kaum so recht wahr. Er hatte eine schwere Schachtel unter dem Bett, in der er noch Alberts Angelhaken und die Bergkristalle aufbewahrte, Reste einer anderen Welt. Seit Wochen versuchte er einen halbwegs festen Stand zu bekommen, aber immer wieder verlor er das Gleichgewicht oder verstieg sich. Unten am Fluß standen ein paar und winkten ihm, er bremste seinen Gang nicht, er hätte aber nach jedem Schritt genausogut auseinanderfallen können, das wußte er wohl.

Am Vortag hatte es ganz in der Nähe eine Hochzeit gegeben, mit angehaltenem Atem und feierlichen Gedankenringen, die langsam aufstiegen und sich dabei auflösten, oder?

34. SO BEGANN DER TAG

Alles wartete auf die Morgendämmerung.
Tote Glockenblumen, hängende Lanzettblätter. Alle paar Minuten sah man ein paar Meter weiter ins Grau hinein, Hindernisse zerfielen wie narkotische Reaktionen. In der Ferne schälten sich die Umrisse eines gewaltigen Dachvorsprungs aus dem Hintergrundgemisch. Ein Bündel aus unscharf sich abhebenden Tentakeln wischte zaghaft am Rand des Blickfelds herum, vielleicht hing das mit dem Wetter zusammen. Wohin jetzt?
Riesige Fischblasen, die sich, je näher sie kamen, in desto plumperes Nichts auflösten, trieben durch die Luft. Es war, als hätte jemand die Einzelheiten zerredet, so sehr gingen sie nun auf Abstand, um dann in ihre neuen Verbindungen zusammenzufließen.
Sehr viel später, als er die Straße überquerte, blieb eine von der anderen Straßenseite kommende Frau knapp vor ihm stehen, wollte ihn offensichtlich ansprechen. Großer Verkehr, schnell näherkommende Fahrzeuge verhinderten ein erstes

Wort auf der Fahrbahn, also eilten sie beide, Schulter an Schulter, auf den Gehsteig zurück, der im Morgenlicht zu zittern schien.

35. PACK

Sich in einem öffentlichen Gebäude einschließen lassen und dann die ganze Nacht in der Stille so frieren, daß das Gesicht ein anderes wird oder versteinert, ist also auch eine Möglichkeit. Eine andere: Alle Arbeiten nur noch zahnstocherkauend erledigen! Und dabei voller Gelassenheit die Tage heimbringen, ohne große Eile, aber auch ohne Leerläufe.
Die zwei Leute, die im Erdgeschoß eingezogen sind, haben sich für keine dieser Möglichkeiten entschieden. Sie sind eine Art Bibelforscherpärchen, schwer zugängliche, schroffe Leute, die Borsten ihrer Zahnbürsten schon ganz braun. Die Küche ist nicht neu, freilich sauber wie am zweiten Tag. Am Sichtfenster des Backrohrs ein sternförmiger Aufkleber, der auf den Reinbleib-Effekt hinweist.
In der Wohnung nebenan aber wird jetzt gekeift. Dann schreit ein Kleinkind, beruhigt sich langsam, weil es wahrscheinlich gewickelt wird.
Fanfaren?
Es bleibt still.

36. PRISMA

Einmal freilich, als die Fratzen der Schwägerin und ihres Bruders ihr gar den Kaffee umhauen und dazu nur blöd lachen, reißt ihr die Geduld, und sie weist den Nachwuchs mit Entschiedenheit zurecht. Da aber geht die Schwägerin auf sie los und fragt sie, was sie sich wohl einzubilden gedenke, hier werde bitte angstfrei erzogen, sie möge die Ursachen für ihren Ärger lieber bei sich selber suchen. Zack.
Ein leerer Holztransporter kracht an der Terrasse vorüber,

fährt in die Senke hinunter. Dann ruft Soni an, Freundin und fast tägliche Besucherin der Schwägerin. Fragt, ob sie nicht etwas mitbringen soll. Vor einigen Jahren noch schickte die einem britischen Rockstar anläßlich der Geburt seiner Tochter eine Glückwunschbotschaft und hoffte wochenlang auf eine Antwort. Solch ein Kaliber also.
Sie bringt ein Stifterl Weißwein mit und stellt es in den Kühlschrank.
Sekundenlang steht indessen die Schwägerin am Fenster, muß ihren Kopf mit beiden Händen festhalten, während sie in die frisch frisierten und gleich darauf schon wieder zerzausten Bäume hinaufstarrt. Eine schillernde Hausfrau. Mein Mann hat solche Sehnsucht nach dir, daß er nur mehr Tabletten frißt, sagt sie etwas später zu Soni, die gerade gähnt. Ja, die gähnt gerade!

37. MOTORÖL

Vergessen die Hirnhautreizung, vergessen diverse Dissonanzen und Ablenkungsmanöver. Sie geht allein noch einmal alles durch, ganz niedrig diesmal. Zuerst Aufräumkraft, dann eine Zeitlang die Nachtschichtfrau, warum nicht. Zum Schluß erst kassiert sie an einer Selbstbedienungstankstelle, verkauft nebenbei auch Süßigkeiten, Limonaden, Kleinkram.
Bald hat sie die Leute, die sie noch vor wenigen Jahren ziemlich nahe gekannt hat, so gut wie vergessen. Sie trifft sich jetzt regelmäßig mit einer jungen Freundin, die Tabletten nimmt. Und sie reden von Australien, Neuseeland, basteln in Gesprächen Bruchstücke von Plänen zusammen.
Als sie dem Tankstellenpächter, der sie angestellt hat, nach einem Streit durch eine gezielte Stichflamme aus ihrem Feuerzeug den Großteil der Haare auf seinem Handrücken versengt und ihm leichte Verbrennungen zufügt, ist sie auch diese Arbeit los.
Ist Verachtung in ihren Augen? Ist sie jetzt kühner, wilder als die anderen? Sie ist bereit, sich erneut ihre sogenannte Zu-

kunft aus der eigenen Hand zu lesen, braucht dazu keine besonderen Hilfsmittel. Und aus dem Rauschen des Regens hört sie ein zweites Rauschen heraus, das den meisten wirklich überhaupt nichts sagt. Sie findet einen letzten neuen Weg um die Tankstelle, schaut noch einmal ohne Wehmut beim Fenster rein, streicht mit der Hand über den Blechkasten, in dem das Motoröl drin ist, geht schweigend diese Runde. Und schon Minuten danach beginnt die ganze Anlage, ob das nun chemisch erklärbar ist oder nicht, von innen heraus zu zittern. Keine Zeitrafferkorrosion, kein schnelles Oxydieren, die Masten und Stangen bleiben äußerlich, wie sie sind, aber das Innere vibriert tatsächlich: Und wer nun wirklich will, der spürt es sogar. Jimmy Miller hätte dieser Sensation vielleicht auch akustisch eingeheizt und gezeigt, wie es ist, wenn die Schärfe von innen heraus will und dabei zu Brei wird: Töne, Rhythmen, zerschossene Einheit.
Die Büsche hinter der Tankstelle springen auf den Vorplatz, rücken Richtung Bundesstraße vor. Ein gelber Streifen läuft, unterbrochen, durch den Wald. Und der Kopf, der das alles kontrolliert, soll unter Wasser stehen?
Sie gelangt ein paar hundert Meter hinter der Tankstelle auf einen Weg, an dessen Rand verstreute Fetzen und Ankündigungen liegen. Was sie jetzt tun soll? Sie denkt nicht darüber nach, folgt dafür dem Weg, als wäre er die Verbindung von der Küche zum Klo.

38. DIE WALDORDNUNG

Am südöstlichen Rand der Wiese, wo die schweren Äste einer Fichte schon fast den Boden berühren und die harzige Luft den ganzen Tag über im Schatten lassen, gebar die kranke Rehgeiß also ihr Junges.
Abends ging Regen wie Schaum über den Waldstreifen, krachende Äste, Wind. Zwischendurch Schreie, Geflatter, Bewegungsfolgen, die das Dunkel aufnahm und nicht mehr zurückgab. So verging hier die Zeit.

39. DIE PRANKE

Der Preisvorteil durchstößt die Hülle, hetzt weiter, nach innen. Die Löwenburg der frischen Waren! Explodierendes Haar!
Das Kirschjoghurt, so hilflos und verhöhnt!
Man hängt jetzt wieder stärker an den Dingen, am neuen Chic, der Zierleisten mit Zweckmäßigkeit verbindet. Der Wendepunkt ist dort, wo auch die Einzelheiten gegeneinander zu kämpfen scheinen, wo Preisschilder und Aufkleber wie in einem Flußbett verschwinden.
Haltet die Umrisse, zieht ihnen das Fell über die Ohren!
Hast du diese Idioten gesehen? schreit jemand auf dem Großmarktparkplatz, und der Arm des Krans an der Gesundheitsamtsbaustelle weist nach Norden; Vögel kreisen hoch über ihm und seinem Schatten, und vor einer betonierten Rampe kurven zwei Kinder auf ihren Skateboards herum. Dies alles spielt sich ohne einen einzigen Sonnenuntergang ab, ohne das Läuten einer einzigen Glocke, und ohne daß eine einzige Blüte vom Himmel fällt.

40. FEHLALARM

Sie warf die Schuhe ins Klo, zog ab. Die Schuhe schoben sich Richtung Abfluß, bäumten sich auf, paßten aber nicht in die Öffnung. Das Wasser schoß bloß über sie hinweg, Stromschnellen, dann war alles vorüber; ein paar letzte Tropfen wischten über das Leder, das sich nur ganz leicht verfärbt hatte.
War es also ihre Aufgabe, jetzt mit allem abzufahren und sich etwas Neues aus den Möglichkeiten herauszuhacken? Der sinnlose Zorn, dessen es bedurft hätte, um ihren Kopf wirklich durchzusetzen!
Vor dem Fenster kreiste eine Hummel, tat kurz, als wollte sie herein.

41. WACKER

Ein Autohaus, das ein ehemaliger kleiner Gebrauchtwarenhändler jetzt führte, hatte eine Wiesenfläche planiert, geschottert und in einen kieshellen Parkplatz verwandelt, auf dem nun in engen Reihen die Wagen standen, Preisschilder innen an der Windschutzscheibe. In fünfzehn bis zwanzig Meter Höhe über dem Parkplatz ein dicker roter Luftballon, der den Namen des Autohändlers trug und im leichten Wind schräg an der Leine stand.
Ein schon in die Jahre gekommener Mann kam am späten Nachmittag an dieser Anlage vorbei und sah das alles lange an, bevor er die Faust ballte, zu den großen Glasscheiben hinüberdeutete und dann brüllte wie ein Fluß.
Um zwanzig Uhr neununddreißig erst ging die Sonne unter.

42. STILLE BETRACHTUNG AN EINEM FRÜHLINGSABEND

In Stoffschuhen daran vorbeigehen: Das Leben kennt nicht die Bedürfnisse, nach deren Muster die Alltage zusammengesetzt sind.
Im Vorzimmer, auf dem Teppich, liegt der Staubsauger, Deckplatte abgeschraubt, Innengehäuse zerlegt: Das Luder saugt nichts mehr. Aber Kaffee- und Waschmaschine, Kühlschrank, Rasierapparat, Fernsehgerät und Radio bitte funktionieren. Der Rundfunk bringt momentan Musik von Bohuslav Martinu, der E-Herd indessen heizt das Abendmahl auf.
Nach dem Essen freilich nehmen einander der Mann und die Frau wieder psychisch auseinander. Später wird dann noch einmal gefuttert, aber nur Knabberzeug.

43. VERHALTENE UNRUHE

Sie ist sechzehn, Lehrmädchen, oft schon mit allem zufrieden. In der Nacht vor ihrem Geburtstag aber träumt sie, daß sie das Moped ihrer Mutter, die halbtags als Hilfsarbeiterin in einem holzverarbeitenden Betrieb steht und präzise Arbeit macht, mit ihrem Feuerzeug in Brand steckt.
Sie hat ein schönes, sehr regelmäßiges Gebiß, wie die Mutter, die es sich nur ein einzigesmal nicht verkneifen konnte, die Tochter darauf hinzuweisen, daß sie – als stehengelassene, also auf sich allein gestellte Frau – mehr als irgend jemand sonst bitte für sie, die Tochter, getan habe.
Es kann sein, daß die das ohnehin gewußt hat und daß auch der Traum vom Moped, das in Flammen aufgeht, damit nichts zu tun hat. Neumond war's jedenfalls in der fraglichen Nacht und am Tag danach diesig, alles andere jedoch wie immer. Die Natur also eher zurückhaltend und nur mäßig bewegt, keinesfalls so, als wollte sie ihre Fesseln sprengen.

44. BIS IN DIE FASERN

Der Alltag gleitet. Volle Wochen, brutzelnde Momente. Ein Liebling geht um den Asphalt herum und schickt Flatterblicke in die grünenden Flocken: Gebüsch hinter betauten Blechen. Zwei Angstkäfer auf einem Blatt, übereinander, dann plötzlich Bremsgeräusche – die Straße lebt und saugt die Wunder an. Aus einem der Autos steigt eine Frau mit Bananenfrisur, sucht sofort Zigaretten. Hat sie Spiegeleier auf dem Kleid, scharfes Rot auf den Lippen?
Die Frage zählt nicht. Es ist Muttertag, wenn auch ein diesig trüber. Aber so wie selbst der beste Fleischhauerwitz, kaum daß er erzählt ist, sich in eine Ecke verrollt, um zu verduften, so muß auch dieser Tag, selbst wenn er noch so knistert und in Verzückung gerät, seinen feschen Hut nehmen und sich schleichen.
Abends singt im Radio noch der Chor der Wiener Wirt-

schaftsuniversität. Sauber und kräftig. Und in so manchen Zimmern singen die Ofenrohre, erwärmen sich die Fernsehröhren, jaulen die Därme der Gesättigten. Nur der Frühling will nicht richtig warm werden, und sogar die kleine Natur vor den Fenstern scheint zu sinken, wenn man kurz wegschaut.

45. STAUB

Am Nachmittag geht sie wieder reiten, streichelt das schwitzende Pferd, lutscht einmal sogar an seinem Ohr.
Dieser Staub!
Unter den morschen Brettern der Sitzbank hinter der Koppel aber ist alles weiß von frischen Ameiseneiern. Der faule Kater, der auf der Bank liegt und schläft, hat nichts zu befürchten, denn den Hund nimmt sie seit einiger Zeit nicht einmal mehr mit, wenn sie reiten geht. Der verbringt jetzt einen Großteil seiner Tage in einem alten abgemeldeten Kleinbus, der sein Stall ist. Bei halb heruntergekurbelten Fenstern, damit er genug Frischluft bekommt, sitzt er meist auf der Rückbank, heult in Abständen das Lenkrad an, weil er hinaus will, auf die Reise.
Einmal, als ein Kind ihm zum Spaß die Tür aufmacht, stürzt er ins Freie, jagt über die Wiesen und fällt das erstbeste Schaf an, das ihm unterkommt. Es muß noch am selben Nachmittag notgeschlachtet werden, weil die Wunde am Hals zu tief ist.
In der Nacht weht der Wind späte Kirschblüten aus dem Baum hinter dem Kleinbus.

46. AM TÜMPEL

Die Kaulquappen sind schon recht munter. Sie krachen herum, daß einem beim Zuschauen die Zähne heiß werden: Leben!
Der große Baum dort drüben aber ist natürlich auch nicht

faul. Seine Blätter, es sind Birkenblätter, verdunsten heute etwa an die hundertfünfzig Liter Wasser, und all das müssen seine Wurzeln wieder herbeischaffen, also pumpen, Wasser scheffeln, schuften, man kennt das.

47. ES GEHT LOS

Ein Zittern läuft durch das Blau, das sich der späte Nachmittag holt. Hüsteln, ein Spucken, Autos vor den Gehsteigen: ein ramponiertes Blickfeld also, zerschossene Raster von Geräuschen drüber.
Das Jaulen, das zu hören ist, klingt seltsam zart und hoch: Sind es ängstliche Welpen? Später: Der kleine Vergnügungspark mit Autodrom und Schießbuden, seit zwei Tagen hier auf Station, donnert den Lärm als Fröhlichkeit hinaus – laute Musik, Aufmunterung per Lautsprecher, Ankündigungen der jeweils nächsten Runde, Gelächter, Schreie. Aber der Garten glänzt. Und hinter den Klappsesseln blüht der Mohn.
Nur der Ziegenberg hat schon Schatten an der Flanke. Ist kühler dort.
Hari klettert mit dem Fotoapparat auf den alten Volkswagen, dreht sich auf dem Blech des Kofferraumdeckels langsam im Kreis, zielt in die Landschaft hinein. Beim Hinunterspringen macht er das Foto.

48. UND WEITER

Nachmittag: Der Bub stapfte mit Pfeil und Bogen aus Haselnußholz über die Wiese, hielt öfters an, schoß in die Krokusse. Perlen auf der Birke, feines Wasser mit Lichtschnitzeln drin. Er lief nun auf das tüchtige Automobil zu, das sein Vater am Wiesenrand abgestellt hatte, umkreiste es zweimal, mit gefletschten Zähnen.
Und eine sehr junge Frau schob und hob einen Kinderwagen über die Geleise und den Schotter der Bahntrasse. Ihr Nacken-

flaum drehte sich in hellen Ringen ein, machte manche der Bewegungen des Körpers wie von fern her noch mit.
Beim Baumhaus, das schon morsch zu werden begann, hockten ein paar Halbwüchsige vor einem Feuer. Später warfen sie eine tote Eidechse in die Glut, sahen zu, wie sich die Schuppenhaut verfärbte und aufbog. Bitte nicht. Bitte noch einmal.

49. MOMENTE

Wenn es jetzt zu regnen anfinge, wäre sofort der Regenbogen da, und auch die Kurven im Fluß fingen an zu leuchten wie goldene Herzen, denen alles davonschwimmt. Einmal noch den Becher! Ein Schluckerl aus der frechen Zeit!
Er vergaß seinen Weisheitszahn, die Sehnenscheidenentzündung, seine Augen blitzten. Tapfer faselte er weiter – faselte er wirklich?
Er wäre nun jederzeit bereit gewesen, das Letzte zu geben, wenn er nur gewußt hätte, was er darunter verstehen sollte.
Wie schnell die Momente auseinanderrieselten!
Er strich sich durch das Haar, sofort wehten ein paar Schuppen heraus, waren schon wieder weg. Er mußte in eine große Traurigkeit eingewickelt sein, so wie er dasaß. Wie er dasaß!

50. NEUE KETTE

Sie spritzt eine kleine Menge Nähmaschinenöl in den Zahnkranz ihres Gangrads. Sie legt ihre Hand auf das Gestänge, schiebt mit der anderen das Pedal eine ganze Umdrehung nach vor, das genügt.
Sie stellt das Rad ins Vorhaus, wäscht sich dann, geht an die nächste Arbeit: Ein Küchenfürst-Kartoffelpüree ist anzurichten, eine fette Blutwurst will aufgewärmt sein.
Später, nachdem sie längst alles verzehrt hat, wirft sie die Karte ein mit der Anmeldung zu »Ehevorbereitung intensiv«, einer Veranstaltung für Brautpaare. Sie weiß, daß die

meisten Kurse für Brautleute wegen der kurzen Zeit nur karge Informationen bieten können. Anspruchsvolle Paare suchen daher die wirklich intensive Auseinandersetzung mit den verschiedensten Fragen der Partnerschaft – auch das weiß sie, weil sie die Anmeldekarte genau durchgelesen hat.

51. DAVON ABGESEHEN

Es roch noch nach Faulheit. Trotzdem wurde nur eine halbe Straße weiter ein Bagger gewaschen, und zwar gründlich. Auf einem Balkon streifte eine Frau ein paar Handtücher glatt, und unterhalb, auf dem Gehsteig, versuchte ein Kind einem anderen etwas vorzuzaubern. Überall gingen Leute mit kräftigen Schritten heim, flapsige Schultern, Taschen und Säcke, leichtes Gepäck an den Armen.
Also eine sorgfältig gemästete und gut abgehangene Gegend. Aber die Kraftprobe zwischen ihr und den sie bewohnenden Menschen ergab immer wieder nur ein... Man weiß schon.
Am Abend wurden in einem dieser Haushalte kalte Schnitzel aufgetragen, in handliche Streifen geschnitten, und als das Essen langweilig zu werden drohte, wurde in beachtlichem Tempo das Geschirr abgeräumt.

52. EIN HERZ UND ZWEI SEELEN

So gegen elf wird dann aber die Unruhe oft schon so groß, daß eigentlich auch kein Singen und Summen mehr hilft. Sie streicht sich in Ratlosigkeit über die Stelle, an der Fische ihre Kiemen haben, die Menschen aber glattes, weiches Fleisch. Sie ist die korpulente Frau des noch korpulenteren ehemaligen Mittelfeldspielers, hat ohnehin viel Geduld und schaut fast jede zweite Woche die Stöße von alten Fotos durch, die zusammen eine Art Geschichte ergeben.
Der Mann arbeitet jetzt in einer Lackiererei, sie selbst hat bis vor kurzem ein wenig in einem Nähmaschinengeschäft ausge-

holfen. Jetzt, das erste Kind ist da, hat sie damit natürlich schlußgemacht. Dumm freilich ist nur, daß dieses Kind fast immer nur schreit, selbst dann, wenn es eigentlich gar keinen Grund mehr gibt, und es schreit noch dazu so überzeugend, daß überhaupt nichts dagegen hilft, außer man geht hin und nimmt es heraus, zeigt ihm das Tischtuch, den Vorhang, das Waschbecken: da, da, da!
Zu Pfingsten machen sie sich diesmal junge Enten, die sind, wenn sie ganz zart sind, so geschmackvoll wie nichts sonst, und rundherum gibt es einen Zaun aus Uncle Ben's Langkornreis – alles besser als in jedem Gasthof und auch problemloser, wenn man bedenkt, daß bei einer Fahrt im Auto das Buzerl meist schon nach der fünften Kurve speibt.

53. EVERYTHING IS FINE

Die Vierzehnjährige rennt die ganze lange Strecke ohne Stehenbleiben zurück. Der Germknödel kühlt inzwischen aus: süßer Engel auf dem Mohnteller! Der Bach voll Rosenwasser, keine einzige trockene Stelle im Schotter. Auf der steilen Wiese dahinter lag einmal ein totes Reh, schon halb zerfressen. Das ist im Himmel jetzt.

54. KEINE FRAGE

Da muß eine schon Seepromenaden-Kellnerin sein im Sommer und den Rest des Jahres eine schmale Philosophie studieren, damit mit ihr das los ist, worum es hier etwa geht. Und einen Cousin haben, der nur noch Bücher über die Königskobra liest wie ein Verrückter und sonst nichts. Und in der Kindheit Akkordeon gelernt haben. Und jetzt eben auf einmal alle Risse zugleich spüren. Und nie völlig ratlos dastehen und doch nicht wirklich weiterwissen. Und manchmal auch nicht

wissen, ist jetzt ringsum alles gebenedeit oder sind bloß die Übergänge und Übereinstimmungen ein wenig ausgeleiert. Welch ein Schaltkreis!
Ein leises Singen im Luftraum. Das Wasser schoß an ihrem Gesicht vorbei wie an einem Kalkberg. Ringsum überall nasse, verklebte Löwenzahnsamen auf bleichen grünen Stengeln. Sie blickte sich um, summte dann halblaut, mit einer Stimme, die vielleicht über alles drübergekommen wäre, hätte sich die Notwendigkeit dazu auch tatsächlich ergeben. Im Weitergehen spielte sie mit dem breiten Gürtel ihres schwarzen Gummimantels, an dem das Regenwasser in glitzernden Bahnen abwärtsfloß.
Sie mußte wahrscheinlich doch in ihrer Bucht bleiben, in der sie sich sicher fühlte, auch wenn diese Bucht eher ein Gedankenraum war oder eine Gefühlsebene, an deren Rändern dann schon der dampfende Sterz klebte, aus dem die Lebensgeschichten der um sie herum auf und ab wirbelnden sogenannten Bekannten gekleistert waren.

55. SACHTE

In einem Bericht über altägyptische Medizin gibt es Hinweise auf ein Augenheilmittel aus Krokodilkot und gärendem Honig. Frau Olga aber läßt ihre müden Augen lieber rasten. Sie hängen sich ein, verfangen sich in einem ruhigen Gebiet, in das niemand außer ihr hineinatmet. Kleine Apfelstücke – Quader und unregelmäßige Pyramiden zumeist – liegen auf einem Teller vor ihr. Die Schnittflächen zeigen zerrissene Zellulosenetze, aus denen fruchtzuckerhaltiges Wasser sickert, und sie fangen schon an, ein wenig bräunlich zu werden.
Frau Olga rührt auch den Kopf nicht, als im Schacher Motorsägen aufheulen, um noch junge Birken für die Fronleichnamsprozession zu schneiden. Geht Frau Olga wieder warme Länder durch, im Kopf?
Einmal sah sie zu, wie ein Maulwurf sich ans Tageslicht schaufelte, allerlangsamst und lautlos. Und einmal, sehr viel

früher natürlich, kannte sie einen, der Lastenträger für eine Schutzhütte im Gebirge war, dreimal wöchentlich ins Tal zog und dann auf einem hölzernen Traggestell allerlei Lebensmittel auf die Hütte hinauftrug. Der Bruder dieses Trägers wieder warf sich in einer bewegten Zeit, in der auch andere zeitweise ratlos waren, vor einen Zug der Bahnlinie, die Frau Olga mehrmals im Jahr benutzt, wenn sie in die Landeshauptstadt muß, zur Versicherungsanstalt.

56. STRUDEL, BÖGEN

Es wäre nicht richtig zu sagen, daß das Leben auch weiterhin nur so vorangeprescht war. Eigentlich ging die meiste Zeit über fast nichts weiter, auch die Gewißheiten stockten, und alles gloste nur so dahin. In der Mitte des Monats wurden die Tage dann noch einmal etwas schneller. Über eine schräg ausgebreitete Wiese rannten artige Hühner, zeigten ihre rasanten Federhälse von der besten Seite. Wo waren sie daheim, die tapferen Tiere? Trauten sie sich denn gar bis an den Bahndamm und über diesen und die blanken Schienen auch noch hinweg? Sie sahen recht fürwitzig aus und waren doch eher blaß im Kopfe, aber sie machten ihre Sache nicht schlecht, was immer sie auch sein mochte.

Am Rand eines Wäldchens eine sitzende Person, die Fersen schön parallel, ein abwaschbarer Jausensack daneben, durchsichtig und ohne Prunk. Die Lufttemperatur wohl bloß gelinde über dem langjährigen Monatsdurchschnitt, nur tief im Erdkern gab es krachende Hitze, unaufhörlich quellende Bewegungen. Die Lebewesen jedoch agierten ohnehin an der Kruste, fuhren ein wenig auf ihr herum, heulten, gähnten, pudelten sich auf, bis sie auch das wieder lassen mußten. Dramatische Veränderungen? Wohl sicher nicht, wenn der Blick von unten kam.

Es gab an der Pforte des obigen Wäldchens auch einen alten Kanister, der Mäusekanister hieß, weil sich einmal eine junge Maus darin versteckt hatte. Wenige Meter neben diesem Kani-

ster lagen lange Zeit zerfallene, halb aufgelöste Soletti, die weggeworfen worden waren, weil die mittels Datumsaufdruck empfohlene Aufbrauchsfrist an der Unterseite der Verpackung schon einige Zeit überschritten war.
Unten am Wehr des Baches kämpften Kinder, hörten sofort auf, als ein Mädchen am Ufer einen Angelhaken mit Blinker fand. Stritten sich dann um den Fund. Nachts ist es friedlich hier, nur das Wasser lärmt, und ganz selten kommen an Wochenenden ein zwei Autos, in denen berauschte Ficker umständlich herumtun, bis die Scheiben innen anlaufen.
Eine leere, aber trotzdem verschlossene Terpentinflasche trieb einmal den Bach herunter, stellte sich taub und kam unbehelligt über die Staustufe. Holz, ein schmaler Seitenkanal, eine Kette, die mit einem gußeisernen Kurbelrad hochzuziehen ist, viel Moos, Rost und Sedimente, all das findet sich hier auf engem Raum, und sicher noch vieles mehr.

57. FELSEN

War ihre Halskette nicht ein doppelt genommener und zusammengelegter Rosenkranz? Am Beginn dieser windstillen Nacht warf sie drei Dänische Butterkekse aus dem Fenster, versuchte die Dächer vorüberfahrender Autos zu treffen; das war gar nicht so einfach. Später dann schmierte sie sich wieder ihre Hände ein.
Mach das und laß das Denken anderen, stand in dem Roman, den sie nach den Abendnachrichten zu Ende gelesen hatte.

58. PFÜTZEN

Gut und gern zweiundvierzig Lastwagen voll Regen stürzten über das Land herab, wässerten die Wiesen, die Felder und Vorplätze. Erst am späten Abend klarte der Himmel auf, zeigte Sternbilder.
Vor dem Eingang zum Kino ein demonstrativ Gelangweilter

im hellen Sportanzügerl, Hände an den Hüften. Ein alter Saufbold, der dann vor ihn hintrat und um irgend etwas bat, bekam nicht einmal eine richtige Antwort.
Nun freilich setzte der Tag zu einer seiner letzten Schleifen an. Ein speckiger Kumpan des Besoffenen kam aus einiger Entfernung heran, breitete die Arme aus und verfluchte mit knapp gesetzten Worten den schmalen Streifen des Erdkreises, auf dem die Szene sich abspielte. Und er drohte, allen die Geschlechtsteile auszureißen, wenn nicht in Sekunden alles anders werden sollte – aber nichts wurde anders, und nichts geschah.

59. ÜBER DEN DAUMEN

Sie muß sich ziemlich stark bewegen, damit sie zumindest ein kleines Stück aus dem Küchenviertel herauskommt, aber es gelingt.
Ist sie denn – wenn auch nur nebenbei – immer noch verantwortlich für den Zirkus, den der jüngere Bruder, der Nachzügler und Wahnsinnsbolzen, in fast schon regelmäßigen Abständen aufführt?
Die Sonne immerhin trübt sich nicht ein, sondern drückt Wärme, also unsichtbare Wellen in die Blätter, die Blätter nehmen sie auf, fertig.
Am Nachmittag sind die Kleinen draußen, feuern das Spielzeug über den Rasen, vom Geld träumen sie noch nicht. Um vier wird der Zippverschluß eingenäht, danach kommt ein strenger Tee, vielleicht ruft auch die Trude wieder an, um Neuigkeiten zu melden vom Stand der Kämpfe.
Was kostet die Freiheit? Und auf wessen Seite – wenn überhaupt – steht sie?
Kurz vor Ladenschluß muß sie noch in ihr Lieblingsgeschäft hinüber, dorthin, wo wenigstens die Preise stimmen.

60. FEDERLEICHT

Weil er ahnte, daß die, an die er dachte, das gar nicht spüren würde, sank er ein wenig zusammen, aß dann die Rahmschnitten, später Rosenäpfel, deren Fleisch schon pulverig und trocken war und auch nicht mehr schimmerte.
Kein Morgenbier heute, keine tiefergehende Entspannung der Gesichtsmuskulatur. Dafür ein wenig Musik aus dem Radio, ein elegantes chinesisches Volkslied, das das Herannahen des Sommers bejubelte.
Am Fensterbrett: das kleine, zarte Knie des Spatzen!

61. RUHIGE GEGEND

Sie gibt dem Kind das Krankenpflegebuch zum Spielen. Das Kind nimmt es an, lutscht ein wenig am Umschlag und wirft es schließlich beiseite.
Im Fernsehen ein paar Rock'n'Roll-Hilfsarbeiter, sie kann sie nicht länger ertragen, singt dann dennoch alleine weiter, das Kyoto-Lied. Mitten hinein in dieses Lied wieder ein Anruf von dem Mann, der sie so gerne fleischlich besessen hätte, obwohl er wissen mußte, daß das eine Hoffnung war, die sich wohl nie erfüllen würde. Immer wieder aber versuchte er ihr zumindest ein kleines Versprechen aus dem Herzen zu reißen – nichts da!
Neben dem Telefon die Ziegenlederhandschuhe, sie spielt kurz damit, indem sie sie genau übereinander legt, dann beendet sie abrupt das Gespräch und schiebt auch die Handschuhe weg.

62. FRISCHES FLEISCH UND ROSEN

Ein übler Morgen.
Der Hahn stapft an der Kresse vorbei. Verrücktes Tier! Augen wie Kohle, Federn wie ein Hut.
Eine Mistkugel liegt in der Garagenzufahrt, im Gebüsch steckt ein Knochen.
Der Wind haut Kaskaden ins Gras, schiebt sie in der Waagrechten davon. Da und dort ein paar hellere Flecken.
Im Garten kleine Spitzbuben, die mit einem alten Bügeleisen auf dem betonierten Sockel Schnecken zerquetschen.

63. IM HOF

Der Ältere schoß seinem Bruder ein paar leichte Bälle zwischen die beiden Teppichstangen, sie waren schön zu fangen. Die Ränder der Blüten und die Blätter der Gräser, wenn er sehr flach schoß, bewegten sich leise. In der Holzhütte hinter den Teppichstangen eine Katze, die sich in den Sägespänen zu schaffen machte. An der Wand der Hütte: Klettermarillen, halbreif. Von den Marillenbäumen aus schön zu sehen: ein klappbarer Kinderwagen an der Hausmauer, der in exakt der gleichen Ausführung kurz zuvor neben dem Stufenaufgang zur Bauernkammer zu sehen gewesen war. Auf dem Fensterbrett links neben dem Hauseingang, besonnt: ein Paar stark verwaschene Tennisschuhe.
Nun wurde gewechselt: Der Ältere ging zwischen die Teppichstangen, also versuchte jetzt sein Bruder ein Tor zu erzielen. Wie er sich anstrengte!

64. ZUSTÄNDE

Der Reitklub hat im alten Gesindetrakt des Bauernhauses einen niedrigen Klubraum eingerichtet, Kühlschrank, Stehbar, kleine Tische: herber Komfort für ein Plauscherl nach

einem verschwitzten Querfeldeinritt. Und an der Wand natürlich Pferdekunst: Zeichnungen, Fotos, Skizzen, die alle einen Ernst ausstrahlen, wie ihn nur solche Vereine noch zu beanspruchen scheinen.
Vor dem Ex-Schweinestall parkt ein riesiger Kombi, Autoradio auf satte Fernlautstärke eingestellt, Klaviermusik, Franz Liszt vielleicht. Auf dem Beifahrersitz eine ältere Dame, die von nichts Notiz zu nehmen scheint, auch die Musik donnert an ihr vorbei oder erreicht sie nicht einmal, obwohl sie bisweilen in wilde, spastisch anmutende Bewegungen verfällt, lautlos.
Woran aber krankt die Dame? – Oder kämpft sie bloß im Warten gedanklich schon wieder mit ihrer sechsunddreißigjährigen Tochter, der Reitlehrerin?

65. KAMPFLOS

Leichte Fäulnis, wie sie im Atem eines Rindviehs ist, liegt in der Luft. Keine Gegend, um sich für mehr als ein paar Stunden zurückzuziehen.
Er beißt in ein Ampferblatt, kaut kurz. Nach einigem Abwarten erhebt er sich, geht weiter an der Breitseite des Kornfelds. Am Rand der Sohle seines Schuhs klebt jetzt ein Schneckenarm. Er greift sein Amulett an, spielt damit im Weitergehen.
Ein weiß geschotterter Weg, der leicht bergan führt, ist dann das ausgetrocknete Bachbett eines Gewittergerinnes. Er folgt diesem Weg zwischen niedrigen Büschen und blickt schließlich von oben hinüber zur Geflügelfarm. Die Stille fressen! Lange Blicke! Der Adamsapfel, der unter der Haut diese rollende Bewegung macht!
Sehr langsam zurück. Sein Abwärtsgehen mag aussehen, als reite er auf einem im Boden vergrabenen Pferd. Eine zerrissene Jutetasche unter den Büschen. Eine fette Raupe auf einem Blatt. So vieles mehr!
Später, beim Wagen, nimmt er die Waffe aus der Tasche, geht

noch einmal zurück, macht Schießübungen, mit Schalldämpfer. Jetzt erst lockert er die Krawatte.
Richtung Süden hin scheint tatsächlich alles zu schlafen, nur selten bewegen sich die Bäume. Sie wedeln dann ganz leicht wie unter einem Hauch, der auch eine Art Warnung sein hätte können, aber das gibt es natürlich nicht.

66. DER GESCHMACK DER WIESEN

Zum Hobelfest wurden ein paar Zierpolster ausgelegt, immerhin. Kinderstimmen vom Tonband. Und aus dem Fenster sah man das gezackte Band der Forststraßen, die sich über den bewaldeten Berg hinaufzogen.
Ein steinalter Geiger saß im Südwestzimmer und spielte die Saiten heiß. Draußen, also im Hintergrund, schrien Kühe.
Erzähl mir nichts von Hank Williams, sagte jemand unten und spielte mit einer Gummigemse. Zackige Amseln schossen vorbei.
Die Kinder trugen einen Feuersalamander durchs Gras, bauten ihm ein Erdhaus, in das er nicht reinwollte.

67. DAS GLEICHGEWICHT

Sie sang leise, während sie weiterweinte. Die Hühner liefen um sie herum, fanden ihren Weg ohne Nachdenken. So einfach alles! Und drüben in der Wiese hämmerte ein Kind auf einen Plastikkübel, beherzt, gleichmäßig. Flackerndes Laub in den Bäumen, als leichter Wind aufkam.
Stieg ihr wieder langsam der Mut? Mit dem Daumen strich sie sich über die Haut am Schlüsselbein. Eine Spinne trug ihr Ei quer über ihren Schuh, verschwand dann unter den Gräsern, über die der Flieder seinen Schatten warf.

68. LANDAUF, LANDAB

Vor dreißig Jahren genügte es für einen hiesigen Bauern, einen schönen Stier zu verkaufen, um vom Erlös den gesamten Anbau an einen bestehenden Stall finanzieren zu können. Wenn der Sohn desselben Bauern heute einen Stier verkauft, bekommt er fünfzehn- bis zwanzigtausend Schilling. Was er für dieses Geld noch bauen kann, wird bestenfalls ein geräumiger Hühnerstall oder eine bessere Senkgrube. Also baut er lieber gar nichts, sondern gibt das Geld seiner Lieblingstochter, die soeben ihr erstes Auto zuschanden gefahren hat und jetzt nicht aus und ein weiß. Ihre ganze Liebe gilt dem Herumfahren, aus Männern macht sie sich angeblich ohnehin nichts. Ob das die ganze Wahrheit ist?
Der Bauer jedenfalls hat so seine Zweifel, auch wenn er die Tochter davon nicht immer in Kenntnis setzt.

69. NEMBUTAL

Wieder hinein in die Salattage! Die Kühe stehen im Sand, sogar die Wolken hängen herunter bis in den Bach.
Macht der Tennisklub nun dieses Grillwurstfest oder nicht? So wichtig, das alles. Auf einem Fensterbrett steht ein Arzneibecher, hell und scharf, davor eine Frau, die andächtig kaut und der Natur etwas abzulauschen scheint. Dann bewegt sie sich abrupt, mit kräftigen Schenkeln, als wollte sie einem imaginären Pferd mit einem Ruck die Sporen geben. Entschlossen geht sie nun zur Kellertür und öffnet sie, verschwindet in der Öffnung.

70. KLEINE ERHEBUNG

Sie hob ein Paradebein, stampfte fest auf; der Boden hielt. Sie hustete und wartete. Sie bewegte sich ein wenig. Sollst leben, war das letzte, was jemand zu ihr gesagt hatte, und auch das lag schon wieder einige Stunden zurück. Sie stand jetzt vor einem Meer von Blumen, bückte sich, boxte ein paarmal in die Blüten. Sie wußte, daß es modern war, in gewissen Situationen Blumen zu essen, sie aber spuckte lieber in die Blätter, verrieb den Speichel, daß das Grün wie frischer Lack im Mittagslicht glänzte. Makellose Oberflächen! Ihre Leibeshöhlen dehnten sich, ohne etwas zu sprengen.
Und wenn alles nicht wahr war? Stand sie nicht ganz einfach nur da, mit einem Gesichtsausdruck, als wollte sie alles um sich herum umbringen?
Wenn ja, war auch das bloß gespielt.
Die Frau ging ein paar Schritte weiter und bewegte sich, als käme sie soeben aus dem Theater. Würde und Wildheit gingen ineinander über, und der klare Himmel war das Loch hinter dem Herzen, in dem all die falschen Dinge verschwinden.
Oder würde sie jetzt, wenn sie in einem stillen, aber großartigen Restaurant wäre, auf einen der Tische springen und allein mit den Augen und mit der Stimme alles aus dem Kreis herausholen, eine einzige großartige Bewegung und draußen die dreckige alte Stadt? Aber sie war in keiner Stadt. Sie stand auf einem Hügel, gute achtzig Meter vom am Ende des Karrenwegs geparkten Wagen entfernt. Und ihr Hund, eine Dackelart, sprang wie verrückt durch die Akeleien, durch Margeriten und Rispengras. Sein Fell war feucht, die Ohren flogen.

71. DASSELBE

Startende Wildtauben. Die schmalen Rinder sind dunkle Mopeds, und der Bauernnachwuchs fährt damit die Heugabeln heim.
Es ist lange hell an den Abenden. Das Bankett flimmert. Vor der Grünwarenhandlung neben dem Gasthaus steht der Koch und erzählt, daß er nach Siebenbürgen fahre nächste Woche, um eine Karpatenwanderung zu machen. Alles flitzt vorbei, und das Unwahrscheinliche siegt.
Wasser aus dem ersten Stock: Eine Frau hat es mit den Blumen am Fenster zu gut gemeint.

72. GESANG AN DER QUELLE

Die schwarze Insch bringt neue Getränke herüber. Und der Schmale mit dem Zebrahemd berichtet von einem, der ganz reich geworden sei, indem er bloß im richtigen Moment gewaltige Mengen von U. S. Dollars gekauft und später einfach wieder verkauft habe. Er selbst würde jetzt eigentlich am liebsten irgendwo hinfahren, gleich morgen, weit weg, aber seine Alte kriegt in der nächsten Zeit keinen Urlaub. Scheiß Weiber, meint sein Gegenüber, und das Thema ist gewechselt. Einer, der nur kurz am Klo war, kommt zurück und mischt sich wieder ein, indem er das Gespräch auf die letzte Fußballtotorunde bringt. Und schon ist einer zur Stelle, der damit aufwarten kann, daß er vor zwei Wochen einen Elfer gehabt habe und sich dennoch in den Arsch beißen mußte, weil er den Schein aufzugeben vergessen hatte. Da schlägt das Glück einmal zu, und dann verpaßt man es erst recht wieder oder gibt ihm keine Chance!
Ach was, so ist es doch immer, sagt die Insch und bringt die Zigaretten, für die sie gleich kassiert.
Die Männer haben jetzt ein wenig Freude im Gesicht, als schwärmten sie aus in ein frisches, schnelles Leben. Und sie begeistern sich für all die Chancen, die dieses Leben unent-

wegt bietet, obwohl doch jeder vom anderen weiß: Jetzt erzählt er Geschichten.

73. SCHWARZE TASCHE

Der Käfer rackert. Bald ist er oben. Dann legt sich Licht auf seinen geflügelten Panzer, und Licht bringt ihm Wärme, Überblick, gute Vibrationen.
Auch im Auto ist es warm von der Sonne und trocken. Gips ist da (Maurergips), eine Schere ist da, Landkarten sind da. Und die Spitzen-Zehn der amerikanischen Seelenmusik, auf Kassette. Rasiere mich! schreit eine der musikalischen Damen und wartet darauf, daß ein paar simple Akkorde sie davontragen oder wenigstens ein ernstes Wort mit ihr reden.
In der Tasche auf dem Rücksitz sind die Schlüssel.

74. BARFUSS UND SCHWANGER

Auf einer Bank hinter einer alten Esche ein über seinem Strickzeug eingeschlafener Alter – oder war es eine Frau? – und vor seinen wie in Bewußtlosigkeit von sich gestreckten Beinen lag eine abgerissene Kinokarte, gelb, sicher für irgendeinen Revolverfilm. Weiß leuchteten die Fensterrahmen über die Straße herüber, Kinder johlten durch den Staub. In einer Hauswand eine schmale Flucht Glasziegel, hinter denen Schatten stockten. In einem der Zimmer dieses Hauses aber saß auf einem Bett eine Frau, die wenige Minuten zuvor telefonisch einen Mann verflucht hatte. Es war jedoch schon zu spät; sie trug bereits ein Kind von ihm in sich.

75. ELEMENTARES

Am Klo liegen Hanteln, an der Wand hängt ein Farbdruck mit einer optischen Predigt. Nebenan, in der Küche: Bohnen, Weißbrot, frische Rosen. Und es ist dies eine der Küchen, die nicht verbergen, daß sehr viel Platz vorhanden ist.
Irgend etwas vergessen?
In dem schmalen Beet neben der Garageneinfahrt hat sie Gladiolen stehen, nein: liegen, denn die zuckerl- und giftfarbenen Blüten an den Spitzen der Blumenschäfte berühren schon den Asphalt, so sehr ist ihnen die Schönheit offensichtlich eine Last. Und auch die Mundwinkel der Frau sind ganz leicht nach unten gezogen, ähnlich wie beim Karpfen. Einst roch sie am Gebiß ihres Vaters, sang Freßlieder mit ihrer Schwester, die mittlerweile in der Hauptstadt lebt und Anlageberaterin geworden ist.
Jetzt aber schaut sie beim Fenster hinaus. Lichter hetzen die windige Allee hinunter. Drüben die verschraubten Gerüstaufbauten für die Renovierung der Kapellenfassade, auch über sie huscht das Licht wie eine Welle. Und wahrscheinlich hat fast jeder Tag diese dünnen Stellen, an denen etwas von der Qual durchschimmert, während ein langer, schweifender Atemzug davon abzulenken versucht, daß es sich hier nicht um eine bloß momentane Widerwärtigkeit handelt.

76. AM JOHANNISTAG

Dr. Grassner, der als Bub einmal eine Wette gewonnen hatte, weil er den Mut besaß, mit dem Finger das Wort Futhengst auf den staubigen Wagen eines Lehrers zu schreiben, schaltete mit der Faust die Hauslampe ein. Sofort kamen Insekten, steuerten die Lichtquelle an, hauten sich ihre Schädel an, sackten weg, näherten sich in einer neuen Schleife, zogen Kreise, taten ihre Arbeit.
Dr. Grassner plus Gattin erwarteten Gäste. Die Gäste kamen die schmale Schotterstraße herangefahren, alle aus derselben

Richtung. Frau Dr. Grassner wischte sich die Hände trocken, warf noch einen Blick in die Bratautomatik, wo ein bulgarisches Gericht dahinschmurgelte – es gibt dafür kein anderes Wort.
Ein schöner Mond stand am Himmel. Derselbe wie tags zuvor, Jahre zuvor, Jahrtausende zuvor. Autotüren wurden zugeworfen, schon waren Stimmen zu hören.

77. TOTENTROMPETEN UND WARME LUFT

Der Samstagmorgen: Siegesfroh kam er daher, schlüpfrig wie ein Gottesmann, und schwer atmend ging er in den Vormittag über, verschwand, nachdem er ein paar afrikanische Muster ins Grau geschnitten hatte.
Ein Fliegentier turnte heran, setzte sich aufs Tortenpapier, als Frau Lausenhammer daran vorbeiging. Die hatte eine erwachsene Tochter, Sekretärin, die mit einer Arbeitskollegin gerade Urlaub in Afrika machte: Ägypten. Also Pyramiden anschauen, Nilkatarakte, Nilschlamm, Nilkrokodil. Frau Lausenhammer, die die Reiselust ihrer Tochter nicht ganz verstand, verstand schon gar nicht, warum es gerade ein afrikanisches Land sein mußte, wo es doch hier in Europa, vor allem aber in Österreich, wahrscheinlich sechzig- oder siebzigmal schöner war. – Aber ihr konnte es ohnehin egal sein: War es ihr auch.
Sie drosch jetzt mit der flachen Hand auf das Tortenpapier, und ob die Fliege, die kurz zuvor dort hingeflogen war, noch rechtzeitig entwischen konnte und also überlebte oder nicht, macht keinen großen Unterschied mehr.

78. PATT

Kurz nach Büroschluß spielte er wieder im Park auf dem mit Marmorplatten ausgelegten vier mal vier Meter großen Schachfeld mit den kniehohen Figuren gegen eine ältere Frau, bis es Abend wurde. Später saßen sie noch in einer kleinen Bar, in der es etwa dreißig Kubikmeter Luft gab und niedrige, runde Tische mit harten Stühlen. Er schrieb seine Telefonnummer mit blauem Kugelschreiber auf den Handrücken der Frau; die lächelte, bewegte sich nicht. Beruflich: Fernmeldeamt... Wieder so eine!
In der Ecke der Bar ein Paar, das die Köpfe zusammengesteckt hatte und einander nach Ungeziefer abzusuchen schien. Das Mädchen sehr jung, mit langen, spitzen Brüsten, ihr Gefährte kahlgeschoren, scharfe Nase, Flachlandblick.

79. TANGO

Im Geschäft wurde schon die Nachtabdeckung über den Eiskasten gelegt, eine der Frauen schob eine fahrbare Putzausrüstung an den Regalen vorbei.
Mußte man tatsächlich auch das Geld bisweilen putzen, ein wenig waschen?
Draußen am Hauptplatz tobte und toste noch der Jahrmarkt, Leute gingen hin und her, aßen Brezerl, Crisps und Schinkenstangerl, die Gegensätze waren treu vereint, noch im Gezänk.
So viele Ellbogen! Grunzende Kinder!
Die Szenen, die Geräusche, die Gerüche, sie verzehrten und durchdrangen einander, zum Staunen blieb keine Zeit.

80. SCHWEINKRAM

Wie einen Sturzhelm sah er für einen Moment seinen Kopf im Glas gespiegelt, als er über die Stufe trat. Die Post hatte ihm ein graues Brieferl einer Umweltschutzorganisation zugestellt, die Organisation bot ihm an, ihn bei Interesse über vieles genauer zu informieren. Träume von einer anderen Welt klebten unter der Briefmarke... ferne Küsten, kein Knabbergebäck mehr, Langeweile auch nicht?
Läge er an einem dieser pazifischen Strände, die er öfters im Fernsehen sah, würde ihm die Flut eine Welle Sand über den Schädel werfen? Im Stirnbereich war er ohnehin schon völlig kahl!
Er besaß schöne alte Basketballschuhe; die nahm er jetzt, stellte sie in den Kasten. Die Post warf er auf den Fernsehtisch.

81. FREUNDSCHAFT

Mit hocherhobenem Haupt wie ein Rennpferd kommt die Kellnerin daher. Sie hat die eine Hand an ihrem hellen Schurz, die andere balanciert kleine Speisen durch die Vorgartenluft. Ein Mückenflügel klebt auf einem Teller. Hinterm Zaun geht das Hühnervolk langsam auf und ab, mit ruckenden Bewegungen.
Siegesgesang von der Straße herüber. Oft sind die Welten einfach zu klein oder aber die Pläne zu groß. Die Sonne geht unter. Ein heimischer Schmeichler winkt der Kellnerin, zuerst reagiert sie nicht, dann bellt sie ihn kurz mit den Augen an, stellt dabei ein Kirschenkompott nieder. Ein Angelhaken wird vorgezeigt, wieder eingesteckt. Taubenfleisch duftet in der Küche.
Der Wirt sitzt in seinem Büro, einem Hinterzimmer, in dem er gerne Porno-Videos ansieht. Er und der Besitzer der Videothek, von wo er die Kassetten fast jede Woche holt, sind ehemalige Schulkollegen.

82. MUT

Von ihrem Arbeitsplatz aus sieht Fernmelde-Lies einen halben Nußbaum. Den schaut sie mehr als öfters an. Es stimmt ja: Immer nur denken macht dumm. Dieser Gedanke versorgt sie mit einer Frische, die Lies jetzt sicherlich brauchen kann.
Zwischen neunzehn und einundzwanzig Uhr kommt Hochwürden Nacht, schmeißt Dunkel in die Arbeitsräume, über die Felder, den Vögeln ins Gesicht. Dann wird bei gutem Wetter mancherorts wieder gegrillt, oder frische dumpfe Schläge treffen das Gemüt, das Gemüt schreit auf, kann aber nicht weg. Schluchzen?
Aushalten!
Oder alles abwarten: faule Wochen, die neue Serie im Fernsehen, die Berichte über Weltreisen... Und bald haben innerhalb weniger Tage gleich drei oder vier Arbeitskollegen Geburtstag, ist das nichts?
Einiges entgleitet natürlich immer wieder und ist dann weg. Aber wie die Kanalgitter oft glänzen!

83. AUF VERWACHSENEN PFADEN

Ein mittlerweile in die Jahre Gekommener, der als Jüngling die Opferstöcke mehrerer ländlicher Pfarrkirchen geplündert haben soll, geht jetzt mit Angeboten für obskure Zeitschriften hausieren, redet und deutet herum, bis man ihm die Tür ins Gesicht haut. Eines der Hefte aus seinem Sortiment heißt allen Ernstes Harakiri, Vierfarbendruck.
Besagter Vertreter, denn das ist er jetzt, kommt auf seinen Überlandfahrten auch zu einer kleinen Fischbraterei, stöbert sich durch die Gespräche, obwohl natürlich niemand etwas von ihm wissen will, als er mit seinem Zeitschriftenkram daherkommt. Am Rand des Parkplatzes steht ein Schaukelhirsch aus Hartplastik, einer der auf seinen Steckerlfisch Wartenden zeichnet mit dem Schuh einen Seehund in den sandigen Boden.

84. DAUERWELLE

Sie streute der Tochter etwas über den Pudding, das wie Ameiseneier aussah. Sie wohnten in einem Reihenhaus, in dem sie oft vom Wald herüber den Lärm von Motorsägen hören konnten, und sie hörten ihn auch.

War sie, mit ihren neunundzwanzig Jahren, noch ein wenig »verspielt«? Einmal hatte man ihr ein Probeexemplar einer sogenannten Kunstzeitschrift ins Haus geschickt, in der ein Bild war, das einen harten Penis mit darübergeschnallter schmaler Armbanduhr zeigte, und sie hatte tatsächlich lachen müssen. Und tags darauf, als vor einem Geschäft ein Mann mit Brillanten im Ohr vor sie hintrat und so tat, als wolle er eine Auskunft, schob sie ihn nicht einmal zur Seite, sondern ließ ihn einfach stehen, ignorierte ihn.

Sich um nichts mehr kümmern! Auch nicht um die Traurigkeiten auf all den Balkons, auf die sie sehen konnte. Was hing schon dort! Badewäsche, Tücher, daneben die Blumenkisten, an der Schmalseite der Wand gern ein dunkel bemaltes hölzernes Rad, vielleicht auch einmal ein Dreschflegel, eine Flinte oder eine im Urlaub für viel Geld erworbene Banderilla, es war letztlich alles dasselbe.

Immer wieder sah sie die weißen Styroporköpfe aus dem Frisiersalon vor sich, Perücken drauf, sie nickte ihnen zu.

Warum ging die Tochter nicht mehr gern in die Schule?

Auf dem handbemalten Stoffgürtel: mit einfachen Strichen angedeutete Segelboote, Wolken, Blumen etc. In einer kleinen Schüssel französische Walderdbeeren, von denen sie fünfzehn Stöcke in einem kleinen Beet unter dem Wohnzimmerfenster gepflanzt hatte. Sie las. Auf dem Fensterbrett getrocknete Blumen.

Abends, nach den Fernsehnachrichten, schrieb sie ihren Lebenslauf, mehrere Lebensläufe, von denen sie sich dann den besten aussuchen würde.

Kurz vor Mitternacht wachte sie in ihren Kleidern auf; sie lag auf der Couch und sah Mondlicht auf den Pflanzen neben der Wohnzimmertür.

85. DAS SCHWIERIGSTE

Kochende Wiesen; der Wald wie ein offener Teig mit Skeletten drin, darüber eine Alhambra aus Luft. Zwei Schweine vor dem Haus. Ziegen, Hühner, ein gefleckter Hund, den man erst wegschieben muß, um bei der Tür hineinzukommen. Alte Stallaternen am Gang, eine Elektrouhr. Die Kühltruhe, darauf zwei schwere Milchkannen.
Und der Sohn ist zurück aus Ostafrika, wo er ein Vierteljahr gewesen ist. Er macht sich ein Zwiebelbrot, verspricht den Nachbarskindern, ihnen irgendwann aus Lehm eine kleine Gazelle zu kneten, irgendwann einmal.

86. MASERUNG

Fast ein wenig unwillig dreht sich der Feuersalamander weg; schnippisch. Hinten das Blaufichtenwunder. Ein paar Schafe im Zwielicht.
Wird die Tiefe also noch kommen, mit Geld und Saft und schiefen Bildern?
Man weiß es: Reisen gibt es nicht. Erschöpft kehrt das Auge ins Hirn zurück. Ein Summen, Wind.
Die Frau starrt den Hügel an, der Körper, gesund, hält sie aufrecht. Lärchenholzbretter, hell und rötlich, gestapelt, verstellen den Platz. Und ein Akkordarbeiter aus dem Kugellagerwerk fährt im Hintergrund vorbei, genau wie gestern.

87. LANGER WEG

Ein übermüdeter Arbeitnehmer geht aus einem Gasthaus. Er hat noch gute hundert Meter bis zu seinem Fahrzeug, als irgendein Schmerz, ein innerer wahrscheinlich, sich wie ein alter Trottel wieder meldet und ihn hellwach werden läßt. Kinder mit Schultaschen gehen in Gelächter und mit gespielten Schnarchgeräuschen neben ihm her, bleiben bald zurück,

mischen sich ins Gedränge um einen Startplatz für den Bus. Einige Mädchen knabbern nervös an ihren Fahrausweisen, reagieren nicht auf die Schimpfwörter, die ringsum zu hören sind.
Der Arbeitnehmer macht die Augen schmal, steigt auf sein einspuriges Kraftfahrzeug und macht sich auf den Weg durch langgedehnte Straßenzüge. Er muß noch bis in die Wohngebiete hinaus, sogar ein Stück weiter, vorbei an den großen Wiesen, deren Rand an die Parkfläche eines Autokinos grenzt und über denen wie ein Brett abends fast immer der Wind liegt.

88. KRAFT

Zu Mariä Heimsuchung hatte es geschüttet, sie war in der Küche gesessen und hatte irgendeinen Absud gegen Schwindel und Wechselfieber ziehen lassen. Das half natürlich auch nur, wenn man dran glaubte, und sie war eine bisweilen eher Skeptische.
Tagsüber zerspragelte sie sich in ihrem kleinen Beruf, sie machte das mit Mut und Energie, genauso war es ohnehin verlangt, und dann versuchte sie noch die tägliche Kehre daheim zu kratzen, auch wenn sie selbst das vielleicht nicht so ausgedrückt hätte. An den Sonntagen aber hatte sie hin und wieder Appetit auf eine Hostie, und nichts und niemand hätte ihr den austreiben können oder wollen.

89. ORDNUNG MACHEN

Am Marientag fuhr er dahin wie ein Hamster, bamstig vor Geborgenheit. Typisch im Kreis. Mit Augen, die starr ins Ferne gerichtet waren, als müsse er Lappland durchqueren. Und dennoch: In der Nacht war ihm das Gesicht auseinandergefallen, Schicht um Schicht hatte sich abgelöst und neues Grau durchgelassen. Der Traum vom Todesklo: Er hatte einer

Ziege ein Gummiband zwischen Vorder- und Hinterbeine gespannt und daran einen Rechen befestigt, den das Tier über das Land zu schleppen hatte, um Blätter und leere Sunkist-Dosen mitzureißen. Alles mischte sich.
Keine Unterführungen, kein Neonlicht. Die Berge kamen nie aus der Dunkelheit heraus, aber es war zu spüren: Sie waren da. Das genügte. Schwarze Flecken, mit denen man sich umgeben hätte können.
Das also der Beginn. Weiters noch: Reste einer ganz anderen Verhangenheit, auch innen. Und trotzdem stolze Ruhe und das Gefühl, daß das Ziel sich von selbst heranschieben würde.

90. DAS LICHT, KURZ VORM VERSCHWINDEN

Zwei Marillen am Fensterbrett, ein Glas Fanta in einer Nische neben dem Sofa. Die Frau im blaßroten Kleid macht eine ihrer Brüste frei und läßt ihr fast haarloses Baby saugen. Bald rinnt Speichel über die Mundwinkel des Kindes, ein wenig Milch wird ebenfalls dabei sein. Die Frau und Mutter dreht den Kopf, als sie das sieht, wischt mit dem Zeigefinger drüber. Einige Atemzüge lang schaut sie auf die Mund- und Backenmuskulatur des Säuglings, folgt den entschlossenen Saugbewegungen, bis sie den Blick wieder anhebt und zum Fensterbrett hinüberschaut, wo die Marillen liegen, weich und rund.

91. SITTENBILD

Jetzt kaufen sie wieder überall tapfer Grillkohle, Lämmerfleisch, bravo. Weitermachen. Vielleicht auch ein wenig Dritte-Welt-Erde für die Pelargonien, die Tagetes? Die liberalen Jungfrauen fahren mit bunt lackierten Rädern in den Supermarkt, riechen dort kritisch am Mittelmeergemüse, irgendwo ist immer was los.
In Wahrheit aber: das Warten auf bessere Zeiten. Und heimlich träumt man schon von einer Art Belohnung für das kollektive

Durchhalten, das brave, schlatzige Dennoch, und die Gesichter leuchten sogar. Auf zwei Schritte vorwärts jedoch folgen drei oder sieben zurück. Lange, zähe Sekunden knurren, verfinstern sich. Und man tänzelt, trollt sich, aber man ist und bleibt immer irgendwie im Schaugeschäft – wie lange eigentlich schon?
Zwei Kinder pinkeln einander auf die Schenkel, kichern los, rechts vorne am Parkplatz, hinter dem großen Stoß Holzpaletten.

92. NEBENROLLEN

Ein scheuer Abend, sehr früh. Blaue Ränder hinter den Umrissen. Auf den Brennesseln hockten Läuse, dunkle Klumpen ohne Bewegung. Und der Übermut? Wo war der Übermut? Nur dumpfe, kreisende Farben waren geblieben, und auch sie zeigten sich immer erst auf den zweiten Blick: Eine Frau mit großen, fetten Blumen als Muster am Kleid war unterwegs zum Bahnhof, kirschrot nachgezogener Mund. In einem Wagen, an dem sie vorbeiging, saßen wortlos zwei zornige Mädchen, blickten einander nicht an. An der Ecke des Bahnhofsvorgebäudes neben der im Boden verschwindenden Dachrinne eine leere Sardinendose, in deren innerer Rundung eine Fliege hockte und ihren Rüssel in die ölige Schicht über dem Blech tauchte. Ein Kind, hochgezogene Schultern, putzte einen halbtoten Schmetterling auf seiner Faust, blies ihn dann weg.

93. ZWEITE WELLE

Der Ort, durch den sie fuhren, blitzte wie ein Helm. Im Schriftbild eines der Lebensmittelläden war ein Kunststoffbuchstabe verrutscht und halb nach vorne gesunken; genau darunter ein Drehständer mit hellen Bananen und Drahtkörben voll Äpfeln. Jugendliche hockten auf Zweirädern, aus

einem Kassettengerät krachten Schweinegitarren; Wände aus
sattem Lärm, brutzelndes Gestein.
Gab es frische Feuer für die Augen der Einkäuferinnen? Sie
grüßten einander, blieben manchmal in ihrer Hurtigkeit kurz
stecken, sprachen etwas, schoben die Fersen des Spielbeins
nach außen, aber trotzdem schäumte nichts auf.

94. STAUDEN

Die beiden schweigsamen Herren – der eine war etwa soviel
älter als der andre, daß er gerade nicht mehr recht dessen Vater
hätte sein können – saßen an dem weißen Rundtisch im
Krankenhausgarten und hantierten mit den Flaschen herum,
die vor ihnen auf dem Tisch standen. Es waren ausnahmslos
Bierflaschen, einige bereits geleert, die anderen voll, und kurz
bevor wieder eine leer wurde, nahm der andere jeweils eine
der noch vollen Flaschen, öffnete sie und stellte sie seinem
Mitpatienten hin.
In den Büschen lachte das Licht, und wenn nicht, dann
lachten eben die Büsche, und wenn auch Büsche nicht lachen,
dann hätten immer noch die beiden Herren zu den Büschen
hin lachen können. Sie trugen Schlafröcke und darunter gestreifte Pyjamas, das Bier konnten sie am Erfrischungs- und
Süßigkeitenstand hinter dem Pavillon II kaufen; gelacht
wurde aber tatsächlich nicht.
Als jedoch der Spitalsgeistliche vorübereilte, um wieder
irgendwo die Letzte Ölung zu spenden, winkten ihm die
beiden fast verschmitzt und voller Einverständnis zu. Dann
wurden sie wieder ernst, blieben ganz still und sahen jedem
Frauenarsch nach, der auch nur zu sehen war.

95. AM MARGARETENTAG

Die Hügel drängen das Licht ab, sie sind dicht beisammen und vollzählig. Und die Tauben des Onkels? Gibt es Aufzeichnungen über sie, ähnlich wie es genaue Aufzeichnungen über die Baustelle beim Tennisplatz gibt, die die Tauben so häufig überfliegen? In einem Garten dahinter sitzt ein Kleinkind auf einer Schaukel, Schnuller im Mund, Walkman über den Ohren. Vor der Sandkiste liegt ein Bilderbuch mit einem Einband aus Schlangenhautimitation, in nicht allzu großer Entfernung rauscht der Verkehr.

96. ZWEI SCHWESTERN

Die eine fliegt nach Las Vegas und regt sich später darüber auf, was es in den dortigen Supermärkten alles nicht zu kaufen gegeben habe, die andere fliegt auf die Kanarischen Inseln, geht mit ihren 62 Jahren bei gefährlichen Strömungsverhältnissen und trotz Warnung schwimmen, wird ins offene Meer hinausgetragen, sauft beinahe ab und wird nur wie durch ein Wunder halb oder ganz bewußtlos wieder an Land gespült, wiederbelebt, gerettet. Und weil sie sogar diese Gefahr überlebt hat, will sie sich fortan nie wieder vor etwas fürchten. Sie beschließt: Alles ist Fügung. Sie wird nie ertrinken oder unerwartet vor die Hunde gehen, sondern alles überstehen, bis der für sie bestimmte geheimnisvolle Tag gekommen sein wird. Von jetzt an fliegt sie jedes Jahr einen anderen Kontinent an, reist, erlebt Abenteuer und Gefahren, bei denen ihr tatsächlich kein einziges Mal wirklich bang wird.
Im Moment ist sie in Sydney. Und auch aus dieser fernen Stadt ruft sie nun regelmäßig bei ihrer Tochter an und führt ergiebige Gespräche mit ihrem siebenjährigen Enkel, einem schon jetzt von allen Mitschülern gefürchteten Racker, der jedoch vom ersten Tag seines Lebens an ihr Liebling war.

97. RAST

Der Morgenwind, und unter nassen Zweigen steht eine Frau und wartet. Ein Seelenroman, saugendes Feuer?
Es kommen kühle, neue Farben. Der Tag erwacht, gähnt dann natürlich auch. Mit jedem Atemzug zerfällt das Ra..., nein, nichts zerfällt mit jedem Atemzug. Aber in der Luft ein feiner Geruch von gebratenem Fisch, danach ein Wehen von Schweröl und Benzin von der Tankstelle herüber. Die Frauen an der Tankstelle sind beide schwanger, sie gehen um einen ersten Wagen herum und reden dabei, die eine mit gesenktem Kopf wie unter einem Schwarm von Gedanken. Sie ist die Frau eines Lümmels, wie es sie nicht nur hier zu Hunderten gibt, keine Widerrede.

98. KONTROLLE

Sieben Soldaten im Zug, fröhliche Burschen mit kleinem Gepäck. Der Sommer draußen zündet alles an. In einer Koppel junge Pferde, ein Wirbel von Flanken im Licht. Herinnen rauft sich einer den Schädel, während der Zug immer noch schneller wird. Zwei stämmige Schaffner im Gespräch. Der Schatten eines Signalmasts am Zugfenster.
Eine junge Frau mit einem Büschel Ähren steigt dann zu, setzt sich in eine der leeren Bänke, auf die die Sonne brennt. Stille, Erwartung, Hüsteln. Der ältere Schaffner spannt die Lippen, zieht die Rotzrinne hoch, kontrolliert ihren Fahrausweis und geht dann weiter. Die Soldaten reden auf einmal alle gleichzeitig, fuchteln herum. Derjenige, der die längste Zeit über den Anführer gespielt hat, deutet jetzt aus dem Fenster.

99. IMMER DIE SONNE

Das Bachbett ist ausgetrocknet. Punktierte, geäderte Steine. In einem Felsenbecken eine letzte tiefere Wasserlache, winzige larvenähnliche Kriechtiere darin, die ein Mittelding zwischen einer Sandröhre und einem dünnen Holzstück am Boden des Tümpels dahinschleppen.
Im Geäst des Busches am Rand des Tümpels hüpft ein Vogel immer tiefer, beugt sich mehrmals zum Wasser hin und läßt sich dann doch nicht fallen, sondern fliegt weg, schräg nach oben.

100. VON MINUTE ZU MINUTE

Er schüttete den Schweinen nasse Sägespäne in die Tröge und lächelte, als sie nicht fraßen, sondern nur kurz schnüffelten und dann weiterschrien. Ihm selbst ging es doch genauso! Die Finger rochen nach Rauch und Feuer. Langsam, langsam. Und dennoch alle Hände voll zu tun: Ein scharfer Tag steuerte ungebremst auf sein Ende zu, schon jetzt.
Der erste Abschluß, später Mittag: zwei Teller Bärenschöpfer, dampfend. Und nachmittags: Er stand vor einer Mauer aus Gras und wußte nicht, was das Sein, seine Wut also letztlich, von ihm eigentlich wollte. War es denn möglich, daß das, was noch unlängst die meisten Tage angenehm durchmischt hatte, einen jetzt bisweilen zu zerfleischen drohte?
Ließ wieder eine der inneren Stimmen sich vernehmen?
In einer Scheune, keine fünfhundert Meter von hier, hatte ihm einmal eine, die nun selbst schon fast herangewachsene Töchter hatte, den nassen Schlund zwischen ihren Schenkeln gezeigt, und er hatte nur geschaut, geschaut wie nie zuvor.

101. TELEFON

Am frühen Abend kam einer mit dem Rad und einem Sack voll Weinflaschen, »über die Gasse« gekauft. Hörte er die Musik? Sie blies durch die verschiedenen Zonen der Luftwand, sie hatte die Bühne besetzt und ging nicht mehr runter. Tänze auf der Luft, Butter für die Luft; und Luft für die Schwester! Die Schwester: am Telefon. Sie hört nicht mehr zu reden auf, schien es nach einiger Zeit. Wärme-, Licht- und Tonschwingungen überlagerten sich indessen unausgesetzt, flochten ein immer dichter werdendes waberndes Muster, überschnitten, verstärkten und bremsten einander, und wie war es mit den Empfindungen?

102. BRING IT ON HOME

Sein Vater ist im Zelt, hört sich Nachrichten an. Die Mutter – wer sonst? – steht beim Kofferraum des BMW und dreht den Schädel, als ließe sich die Wäscheleine vor dem Nachbarzelt allein mit Blicken niederschneiden. Im Nacken hat sie rote Streifen von der Sonne, obwohl die Haut schon fett genug ist. Die schmierigen Schläfen! Schatten, Sonne, Sonne, Schatten.
Schreit die Vergangenheit die Zukunft an oder umgekehrt?
Alles ist noch da und gegenwärtig, aber die Kleinigkeiten drängeln schon wieder, drängen zurück in das Leben, aus dem sie kommen und das ohnehin zu Hause wartet.

103. GESTANK STEHT AUF DER TREPPE

Die beiden Moperlburschen krachen nebeneinander auf das Haus zu, fahren die rampenartige Zufahrt hinauf, bleiben vor der hölzernen Haustür stehen. Das Haus: verwaschenes Gelb, niedrig und lang, eher fast ein Stall als ein Wohngebäude, und doch wohnen Leute hier, vollführen ihre Drehungen und

Rucke, lassen ihren Wünschen im Traum freien Lauf, sprechen aus, was sie nicht für sich behalten können, blicken um sich, huschen durch das Geflacker, das ihnen geboten wird.

Hinter ihnen die zerknitterten Jahre, die sich eingefleischt haben und die sie in der Erinnerung wenigstens geschniegelt haben wollen. Das Geschehene und das, was möglich gewesen wäre, flicken sie bisweilen mit ein und demselben Faden, und wenn der reißt, hauen sie es wie angeschissene Kleider aus dem Fenster, Hochparterre, links.

104. SO WIE EIN TIER SICH MORGENS NIEDERLEGT, UM AUF DEN SCHLAF ZU WARTEN

Bevor Joschi dann tatsächlich in den elterlichen Betrieb zurückging, versuchte er sich einen Sommer lang in einem Hotel im Salzkammergut als Lohndiener. Den ganzen Tag lief er im grünen Schurz herum, mußte – anstatt hin und wieder, wenn sie es nicht anders verdient hatten, die Gäste anzuknurren – auch noch ständig buckeln und freundlich sein und dankbar für gönnerhaft hingegebene Trinkgelder, um die er ohnehin nicht gebeten hatte. Überhaupt diese ganze halb verschämte, halb auftrumpfende Geste im Zusammenhang mit der Trinkgeldvergabe! Wie ihm das schon nach kürzester Zeit einfach zuwider war!

Der Hotelbesitzer war ein liebenswert vertrotteltet Archäologe, der von der Führung eines Gastgewerbebetriebs soviel wie gar nichts verstand und in diese Salzkammergutpracht bloß hineingeheiratet hatte. Seine Frau, er hatte sie beim Architekturstudium kennengelernt, war die einzige und dementsprechend verwöhnte Tochter des vormaligen Hoteliers gewesen, die auch das Archäologiestudium in Wien mehr aus Langeweile oder aus einer momentanen Laune heraus als aus besonderem Interesse begonnen hatte.

Joschi mußte am Morgen als erstes die vor die Zimmertüren gestellten Schuhe putzen – oft gleich bis zu dreißig Paar, dann wieder bloß drei oder vier, je nachdem, ob die Zimmernachbarn merkten, daß alle anderen auch ihre Schuhe herausstellten – oder nicht. Dann mußte er, bei Bedarf, in der Küche helfen, zum Beispiel Butterröllchen aus einem in kaltem Wasser gelagerten Butterblock schneiden, oder gerade abreisenden oder allenfalls neu ankommenden Gästen das Gepäck über die Stufen schleppen, denn Lift gab es in dem zweistöckigen Altbau natürlich keinen.

In der (eineinhalbstündigen) Mittagspause war es ihm erlaubt, sich auf einem dem Personal vorbehaltenen brüchigen Holzsteg zu sonnen, auf keinen Fall aber durfte er den eigentlichen Hotelstrand (neue hölzerne Pritschen, Stufen ins rasch tiefer werdende Wasser) aufsuchen, denn der blieb einzig und allein für die Hausgäste reserviert.

Einmal, als die Hotelchefin ihn nach der Mittagspause untätig in der Empfangshalle antraf, trug sie ihm auf, falls er keine Arbeit habe, im Garten die überreifen Kirschen zu pflücken. Der Chef, der ihn kurz darauf auf dem Kirschbaum sitzen sah, brüllte ihn an, er solle gefälligst die kaputte Jalousie auf Zimmer neun reparieren, und als Joschi einzuwenden wagte, daß er nicht zum Spaß, sondern bitte auf Anordnung Kirschen pflücke, donnerte der Hotelarchäologe los, was zu geschehen habe, bestimme in diesem Haus immer noch er. Joschi ließ den Kirschenkorb hängen und ging durch den Hintereingang zurück ins Hotel. Als er in die Halle kam, bat ihn die Rezeptionistin, ihr doch aus dem gegenüberliegenden Café Zigaretten zu holen; wieder tat Joschi seine Pflicht, und wieder ergaben sich unvorhersehbare Komplikationen.

Der Höhepunkt aber kam natürlich am Schluß, auf den alles sehr schnell zuzusteuern schien. Seine Kammer mit dem winzigen Stahlrohrbett war nur durch einen alten Vorhang vom Seitentrakt der Rezeptionskoje getrennt. Und jede Nacht schellten ihn Leute aus dem Schlaf, die erst nach Beendigung des offiziellen Nachtdienstes von einer Sauferei zurückkamen. Einmal stürzte kurz vor dem Morgengrauen ein junger Amerikaner quer über den roten Teppich vor der Rezeption, Joschi wollte ihm aufhelfen, aber der Kerl schlief sofort ein und wachte auch nicht auf, als er auf einen der teuren Fauteuils

gezerrt wurde. Aus der Hosentasche und offensichtlich auch aus dem Hemd fielen ihm zerknüllte Scheine und Münzen, und damals sah Joschi zum erstenmal in seinem Leben U. S.-amerikanische Dollars.
Der Mann schlief bis zum Morgen in der Hotelhalle, und als um halb sieben die Chefin kam und sah, daß ein betrunkener Gast im Jugendstilfauteuil lag und die Stiefel auf dem Marmortisch hatte, ohne daß Joschi hier einschritt, entließ sie ihn auf der Stelle, sprach sich darüber gar nicht lang mit ihrem Ehemann ab. Aber der hatte dann ohnehin auch nichts dagegen, und Joschi packte seinen Koffer und kehrte bei strahlendem Wetter dorthin zurück, wo niemand verwundert war, ihn bereits so schnell wieder reuig heimkommen zu sehen aus der nahen Fremde. Grüß euch, sagte er, und etwas von dem, was er nicht gesagt hatte, troff ihm aus dem Mund.

105. MANSARDE

Ein Weinen im Abendwind, wie er um die Häuser streicht.
Ein Stuhl, der Tisch, der Teppich. Kaum Licht vom Fenster, aber trotzdem schimmert die Schale auf dem Boden. Es klopft, die Tür geht auf, und eine Frau mit entzündeten Augen tritt ein. Alltagsszene: Begrüßung, scheues Herumtun. Gerede. Das graue Licht. Soll er Licht machen? Sie sagt nein.
Draußen vielleicht auch ein Fluß, ein Obstgarten.
Ein langer Blickkontakt. Soll er ihr die Füße küssen? Wieder nein.
Auf dem Tisch liegt ein Brief mit zwei bunten Briefmarken aus Venezuela, aber ohne Licht ist davon nicht viel zu erkennen.

106. GOOD AFTERNOON, ZELTFEST

Die Menge war in Ordnung. Pferdelippen, schöne, lange Ärsche. Leise Gefühle der Teilnahme, wenn sie noch vorkamen, waren gleichsam auf alle verteilt und verkeilten sich nicht. Die Luft gab sich hitzig, verqualmt, als trieben brennende Leintücher über dem Boden dahin. Das dunkle Jahrhundert!
Zum Essen dann dünne Scheiben von einer kalten Sau, Brot dazu natürlich.
Auf dem Nebentisch schrieb einer eine Karte und tauchte zum Schluß den Kugelschreiber in die Schlagobersschicht der Malakofftorte, zum Spaß wahrscheinlich.

107. HEISS

Der neue Arzt trinkt, läuft frei herum, obwohl er selbst bereits schärfste Betreuung nötig hat. Einmal kommt er am späten Vormittag mit dem Taxi, ist aber so stark alkoholisiert, daß er vor dem Spital über einen Rasenstreifen fällt. Niemand hilft ihm, die Patienten triumphieren.
Im hinteren Spitalsgarten eine Rasensprühanlage, eine Patientin im elastischen Einteiler duscht sich unter dem Sprenkler, zieht das Rückenteil des Badeanzugs vom Körper weg, damit das Wasser über die Wirbelsäule in die Afterfalte hinabrinnt, kühlt. Das lindert.

108. SEITE AN SEITE

Allgemein: Rasch ist etwas gesagt, noch rascher etwas vergessen. Das Vergessen, wie funktioniert es, auf welchen Grundlagen beruht sein Prinzip? Und: Kann man wesentlich tiefer sinken, als es einem die rissigen Schächte des Bewußtseins ermöglichen?
Der durchschnittliche Mensch vielleicht schaufelt das, was er

so denkt und wieder loswerden möchte, mit einer Art Gabelzange hin und her und wundert sich nicht über die Zusammenhänge, die er hinter allem sofort vermutet. Vermutet er sie überhaupt?
Im Krankenhaus, Besuchszeit, schienen die Leute an den Betten nebenan jeweils überall mithören zu wollen, während das private Geschehen der vergangenen Woche wie eine spannende Geschichte ausgebreitet wurde. Schleim auf den Blättern des Blumenstocks am Fensterbrett links. – Unmöglich. Schwester!

109. WO DIE WEIDEN ZITTERN

Es regnete ins Heu, bis es schmierig wurde und die aufgeweichten Halme zusammenpappten, an der Unterseite zu faulen anfingen.
In einer lehmigen Mulde am Hang ein gallertiger und dunstig glänzender Klumpen Weinbergschneckeneier, das Muttertier, in unmittelbarer Nähe, rührte sich ganz kurz und versank dann wieder in der Trägheit.
Das Gesprüh wurde dichter, zog durch den Vormittag wie durch ein Feld, das es zu bewässern galt. Dann kam der Rest des Tages, ging um die Büsche herum, ließ ein paar mutlose Äste zittern, verschwand schließlich in den silbernen Blättern.
Erst der Abend wurde trocken, brachte noch einen Schuß Sonne raus, warmes Licht jagte in den Pflanzenfilm, ließ die Oberflächen dampfen.
Zwei Radfahrer surrten langsam über den nassen Asphalt hin, über dem feine Schwaden standen. Sie fuhren nebeneinander, waren unterwegs zu einer Liebesfeier.

110. WEIT GENUG

Sie lag in ihrem Zimmer. Schiebt ab, schleicht euch, ergänzt mich nicht! Einer ihrer Turnschuhe hing in die Brausetasse, die Bänder naß. Sie sah aus, als gäbe es ein lautes, schmerzloses Pochen in ihrem Kopf, in dem ein großes Leben war. So hastig!
Trink, sagte einmal jemand zu ihr, und sie trank nicht, aber ihre Augen wurden weit, sie lächelte. Hinten die alten Linden, deren Schatten tagsüber bis auf den Parkplatz fielen.

111. KONTUREN

Der Vogel überlegte ein wenig, stieß dann einen Schrei aus und faltete die Flügel auseinander. Der Ast, auf dem er eben noch gesessen war, schwankte ganz leicht. Und im Garten, an dessen Grenze der Baum stand, hantierte ein Freizeitmensch in Wildwesthosen und Sportschuhen mit einem elektrischen Kantenschneider, um den Rasen scharf von dem geschotterten Weg abzugrenzen, der an dessen Rand entlangführte.
Die Sonne kam steil daher, stellte erhöhte Anforderungen an die äußeren Eindrücke. Der Mann mit dem Kantenschneider pausierte kurz, hockte sich ein wenig hin, saß still da. Die Nieten an den Hosenrändern strahlten auf.

112. FREITAG

Ein knöcherner Mensch, der sich vielleicht nur wichtig machen will, fährt mit einem hölzernen Leiterwagerl durch die Siedlung; auf dem Leiterwagerl liegt ein kleiner Bürokopierer (Xerox), um Erschütterungen zu vermeiden allerdings auf einem Hasenfell, das an den Seiten ein Stück hervorsteht.
Das Rank-Xerox-Stammwerk in England hat gerade einen großen Teil der elektronisch-technischen Belegschaft entlas-

sen und als Heimarbeiter, denen sie keine sozialen Leistungen bieten muß, wiedereingestellt. So geht das.
Der Mann fährt an einem Gartenzaun entlang, fragt spielende Kinder, ob der Papa zu Hause ist. Warum fährt er keinen Firmenwagen, warum geht er zu Fuß?
In Nordindien wütet indessen die Große Regenzeit, die Flüsse vergrößern ihr Volumen, sicher bringt das Fernsehen abends wieder ein paar farbige Bilder dazu.

113. MINUTEN

Es wurde flott gelebt. Man ließ sich einen Eistee bringen, dann wurden flinke Augen angestarrt, allegro moderato, während im Kopf vielleicht Kathedralen versanken. Einer Vorübergehenden drückte man den Liebespfeil ins schlanke Herz, sie mußte anhalten, bevor sie dann ganz kurz ins Weite sah wie ins Elend verschlagen – so begannen in einer anderen Zeit nicht ungern Geschichten.
Am Bahnhof drüben fuhr ein Zug ein, und heiß wars. Ein alter Priester ging vorbei, tupfte mit dem Taschentuch die Stirn ab. Stille Häuser, Feuer in der Luft. Und ein braunes Laurie-Anderson-Leibchen auf der Wäscheleine im Garten der Farbenhandlung!
Vor dem Muskelstudio wurde Eis verkauft, an der Wand ein alter Kasten mit Zigaretten. Ein Kombi hielt an, der Lenker stieg aus, schaute auf die Uhr und seufzte. Schon wieder so spät, was!

114. SCHIRME

Abends fielen sie in Badeanzügen oder immer noch nackt aus den Autos, während in der näheren Umgebung die heißen Rasenmäher abgewischt wurden. Wenn man noch irgendwo hinging, um ein wenig zu bestellen, wurde kein richtiges Essen draus, sondern die Speisen wurden meist nur noch über

die Schulter geworfen oder sonst irgendwie aus der Welt geschafft. Die Schultern mancher Gäste dagegen: ein wenig rot, knallheißes Fleisch.
Dabei wird einem bei Kastner & Öhler sogar erlaubt, den Lieferantenparkplatz (ganz kurz nur) zu benutzen, wenn man das Betongewicht des Sonnenschirmständers nicht bis zum einige Straßen weiter geparkten Wagen schleppen will. Der Lift ist ein wenig altmodisch, schwere Eisenblechtüren. Aber in den Auslagen sitzt dafür das eine oder andere zeitgemäße Baby, als Schaufensterpuppe zwar, doch gut gelaunt und in leichter, modischer Sommerbekleidung. Spielzeug liegt bei.
Kommt Regen? Es gibt auch Regenschirme, sogar solche in brutaleren Farben, als man sie im Vorjahr etwa hatte. Eines der Modelle heißt Yoko.

115. EIERLICHT

Die Stute schnaubt, hat Angst. Will Shelter vor dem Sturm.
Und drinnen werkt das Putzgeschwader, während die Kinder Reisebüro spielen. Als das Telefon läutet, ist es der Fischdoktor, der seit vier Jahren geschieden ist, aber trotzdem weiterhin bei seiner Frau lebt und auch sonst seine Schwierigkeiten immer wieder irgendwie deichselt.
Das Gewitter fährt über den Wald hinweg, schleift Regenschwaden hinter sich her, zerrt an den Fichten- und Lärchenästen, während weiter oben, auf der abschüssigen Wiese, die Kühe unbekümmert und mit gesenkten Köpfen fressend im wind- und regengepeitschten Gras stehen, obwohl ihnen das Wasser über die Rücken- und Flankenfelle schießt.

116. FRISCHE

Neben ihr sitzt das Radio und schreit: Du, du bist die einzige Frau, die ich brauche! Im Amerikanischen reimt sich »Faszination« auf »Verführung«, und das nützt das Lied verständlicherweise auch sofort aus: ein tapferer Refrain zu Staubsaugermusik.

Das Leben ist wieder da, es rührt sich wie ein Gesangsverein, doppelte Kraft voraus! Die Löcher von früher sind gestopft, jetzt zählen die Sekunden wie einfache Wahrheiten, auch wenn eine verspielte Jugend durch die Stirn wandert –; es geht weiter, es wird weitergehen.

Lebensbild: eine Zeitlang als eine Art Erzieherin in einem Ferienlager für Mädchen gewirkt. Jetzt müde, wirr, verlassen. Sie muß aufs Klo und dann ins Bad.

Als die Badezimmertür langsam aufgeht, tritt sie heraus, gebieterisch. Dort, wo der Teppich seine zentralen Rosetten hat, läßt sie sich nieder, geht in Meditationshaltung, verharrt so. Ihre Schenkel zeigen die käsige Haut einer ehemaligen Schönheit, die schon seit Jahren nicht mehr richtig an die Luft gekommen ist; wen aber stört das?

117. SAUBER UND SCHNELL

Eine Frau mit nassen Sandalen radelte die Bundesstraße hinaus. Vor einem Haus mit einem schönen Magnolienstrauch winkte ihr ein Mann zu und tat im Scherz, als wollte er sie fotografieren. Wenige hundert Meter weiter bog sie von der Bundesstraße ab, überquerte den Parkplatz vor einem Rasthaus und lehnte ihr Fahrzeug an die Ostmauer des Gebäudes. Ein paar Schritte nur, und sie war im Gastgarten, wo eine Halbwüchsige auf sie zu warten schien. Sie saß an einem Blechtisch, an einem der beiden von der Gaststube am weitesten entfernten. Ein Getränk wurde bestellt, gebracht, gekostet. Dann nahm die Frau aus einer Handtasche ein kleines Etui mit winzigen silbernen Nadeln und begann sie ohne Eile in verschiedene Zonen des Handrückens des Mädchens zu stechen, ohne daß dieses besondere Regungen zeigte. Im Gastzimmer, an der Schank, telefonierte währenddessen die Kellnerin und gab jemandem Hinweise für die Fütterung eines Tieres mit dem Namen Terry, wohl ein Hund.

118. WIRD SCHON NOCH

Und das hier ist das Schwalbentier. Es lebt in den Lüften, fliegt über die Einöde und wohnt in den ersten paar Wochen in einem aus Rindermist und Stroh gebauten Kugelnest, aus dessen winziger Öffnung es seinen weichen Schnabel streckt, um von den Eltern die Nahrung zu empfangen. All das wirkt arterhaltend, bildet eine sinnvolle Kette.
Schwalbe, Schwalbe, was ist los mit dir?
Sie ist ein seltsames Tier, das mit seinen Fähigkeiten nicht prahlt und auch mit Schicksalsschlägen fertig wird. Jause gibt es nur, wenn etwas da ist. Ansonsten heißt es warten, warten – später dann suchen, suchen, usw. Die Menschenmutter wiederum bringt am frischen Morgen aus dem Gemüsegarten oder vom Standl neben dem Kino grünen Salat. Nicht so die Schwalbenmutter! Eine Million Fliegen und Mücken verzehrt eine einzige Schwalbenfamilie, wenn sie ein halbes Jahr bei uns bleibt und dabei zweimal brütet. Die Rauchschwalbe besitzt eine außergewöhnliche Kehle, die Mehlschwalbe aber bitte auch.
Herr Habermann, ein ehemaliges Wodkabürscherl, mag die Schwalben, aber auch die Fliegen und den wilden Herbst kann er gut leiden. Die nächste Runde hat wieder er spendiert. Man dankt!

119. KLEINE SCHLEIFE

Pferdi torkelt heimwärts, frischen Mutes. Er kommt am nächtlichen Fußballplatz vorbei, wo es ihn dann fast schon übermannt: ein Tor schießen, jetzt! Aber womit? Er hatscht einsichtig weiter, am Parkplatz häufchenweise Zigarettenkippen, die aus den Aschenbechern der Autos geleert worden sein mußten, am Sonntag, beim letzten Heimspiel.
Steinschwarzer Himmel, Blutegelwolken, Graslichter drinnen, dazwischen dann riesige unleserliche Unterschriften, die den ganzen Horizont zusammenhalten. Pferdi möchte nur ein

einziges Mal Streuner sein, ein paar Wochen lang. Durchs Wasser knirschen, das sich in den Gehsteiglachen sammelt. Sich kurz am Fahrradständer ausrasten, warten, einen neuen seltsamen Gedanken aus dem Kopf herausboxen. Nachmittags zum Würstelbrater, ihn ansingen, bis er ihm was spendieren würde, und dann auf einen Sprung ins Krankenhaus, die Kantine durchqueren, mit den speziellen Handgriffen. Im Aufzug vielleicht das Knorr-Suppenpulver verstreuen: klebriger Wüstensand, in den sich bald die Spuren der Leidenden und der sie als Tröster Besuchenden hineinsenken würden. Und die Liebe zerreißt das alles wie ein Bild...
Raben in der Luft. Raben der Liebe. Die Liebe der Raben: verloren? Pferdi ist berauscht. Pferdi erreicht die Haustür, blickt auf seine Jesus-Schuhe. Er schneuzt sich, und nasse Asche fährt aus seinem Nasenraum, ein schlechtes Zeichen. Wenn die Steine noch Götter wären!
Pferdi betritt das Innere des Hauses, findet sich sofort zurecht.

120. BIER FÜR DIE BUBEN

Die papierenen Mascherl auf den Ästen der Bäume vor dem Feuerwehrdepot! Die Feuerwehr feiert, ist gut aufgelegt und heute einmal tatsächlich zu fast jedem Scherz bereit. Und auch die Kinder sind da, sie schießen mittels Blasrohr kleine Plastillinkugeln auf Zuschauer und drehen sich um, bevor man auf sie aufmerksam wird. Die heranwachsenden Ortsdirndln in dem, was sie wohl für sexy Fetzen halten. Balkons, Terrassen: Es sind Zuschauer da, und sie schauen, was geht. Alles wuzelt sich, um auf irgendeine Art dabeizusein. Verpackungsmaterial, Schleifen, sogar eine alte Zahnbürste liegt auf der Straße. Nun fällt all dem ein starker Wind in den Rücken, aber nicht kalt, sondern gut temperiert, weil wieder Föhn ist.

121. TEMPERATUREN

Wie sie die Müesli-Riegel haßt! Nur weg damit!
Sie zieht ein Leibchen an mit der Aufschrift »MÜDE. DU AUCH?« und schüttelt sich. Hartes, wildes Haar hat sie. Und vier Thermometer. Eines hängt tatsächlich außen am Fenster, das zweite im Zimmer. Das dritte hat einen hölzernen Griff, man kann es ins Badewasser tauchen, muß aber nicht. Und das vierte Thermometer?
Es sollte in keinem gut funktionierenden Haushalt fehlen: Es ist das Fieberthermometer. Ein irrwitziger Gringo, dessen Name nichts zu besagen hat, soll einmal eins in einen heißen Hamburger gesteckt und samt und sonders zerbissen und verspeist haben, nur damit sein Name in ein Buch der Rekorde Aufnahme fände.
Sie erzählt das, obwohl sie gerade noch Zeit hat, sich fertig anzuziehen. Das Frühstück entfällt, sie ist in Eile, muß in die Arbeit. Bis zum Nachmittag also.

122. UNVERSEHRT

Kleine Wäsche im Garten. Das Dickicht hinter der Stützmauer!
Das Tischtuch ist mit Steinen beschwert, Moos unter der hölzernen Platte. Der Tag schreitet kräftig aus, sonnenbraun und warm, die Schweine aber müssen in den Schlachthof. Wie sie ritterlich dastehen! Bereit, gefaßt, ganz ohne Scheu. Ist die Welt noch in Ordnung, momentelang zumindest?
Hinter dem Königreichssaal der Zeugen Jehovas gibt ein ehemaliger Slalomläufer, der jetzt Schulbusfahrer ist, seiner Tochter Fahrstunden, das Pappendeckelschild (»Übungsfahrt«) an der Heckscheibe ist handgemacht. Die Spaziergänger sitzen auf den Bänken, schauen nach Westen, zum Spielplatz, in dessen Zentrum zwei frische Kubikmeter Quarzsand aufgeschüttet sind. Kein Hauch bewegt den Judasbaum, seine Wurzeln kriechen flach über den Boden dahin.

Eine Krähe landet, verstolpert die ersten paar Schritte. So müde!

123. HEIMAT

Abends sitzen auch hier wieder Leute auf der Terrasse, kratzen sich, reden neben allerlei anderem sogar von irgendeinem Exil. Und einer ißt so viele Käserinden, daß er davon Kopfweh bekommt. Seine Frau liest scheinbar Zeitung, beobachtet aber in Wahrheit die Insekten. Später greift sie ins Gras, reißt es aus, schabt Erde heraus und hebt sie hoch. Die Erde ist das Land. Sie blickt es an. Sie zieht die Hand nach hinten wie eine Kralle, lächelt.

124. EIN BEISPIEL

Es schifft, seit Stunden. Auf dem Tisch ein Becher mit Papiergeld, eigenen Ersparnissen. Die Fenster glitzern, Tropfen fahren langsam abwärts. Draußen steht noch die Sommergerste, und es schüttet und schüttet. Hakim und Siegfried, die beiden Jagd-Coyoten, liegen in der Küche, ein Zittern im Fell. Neben der Abwasch ein Glas Buttermilch, freilich. Und im zweiten Raum hinter der Küche schläft die Gnädige ihren Schönheitsschlaf, im Frauenzimmer. Kurze Zeit später aber ist sie schon auf, hat den Sautrank-Kittel an und so richtig alte Stiefeletten. In der Brusttasche steckt der Stabilo-Boss, ein Filzschreiber, giftgrün. Mit der Linken streicht sie sich über die Dauerwelle, die noch ein wenig zerdrückt ist. Sie könnte ein Lied singen über das, was man tierische Intelligenz nennt, doch sie singt das Lied nicht, sondern lacht nur, leise, aber ausgiebig, weil ihr gefällt, was der Mann im Radio soeben gesagt hat. Es geht um den Grünen Bericht aus dem Landwirtschaftsministerium. Im vergangenen Jahr wurde so viel Vieh wie noch nie ins Ausland verkauft, heißt es, aber wie hoch der Anteil ist, der den Bauern zugute kommt, lasse sich leider sehr schwer berechnen.

125. SCHÖNER MAIS

Die alte Hühnerleiter vor dem blauen Himmel! Er war die halbe Nacht aufgewesen, der blaue Himmel konnte ihn jetzt kaum interessieren. Durch seine Adern fiel eine Art farbiger Regen, grobe Schnitzel wie Tabak tosten gegen die Wände, das Herz aber registrierte nicht viel; Hauptsache, der ganze Zirkus lief irgendwie weiter, konnte aus eigenem die Balance halten.
Drüben an der Straße hupten zwei Idioten, er spürte schon wieder eine kleine Wut aufkommen. Es war die Wut, die hier überall heimisch war, aber sie war schlaff, kam selten in das richtige Tempo, um aus den Miseren herauszupreschen und alles zu überholen.
Übernächste Woche Betriebsausflug.

126. OHNE GESCHREI

Das ist das äsende Gnu. Es hat schlanke Fesseln und einen dick verspeckten Kopf. Die Hörner ziehen kleine Kurven, auch andere Details springen jederzeit ins Auge.
Wie viele Kilometer sind es bis zum Tschad-See, wie viele bis Douala? Das Zimmer, in dem diese Fragen gestellt werden, ist mit Wandteppichen geschmückt. An einer freien Stelle links vom Fenster hängt ein Barometer. Und weil die Pfeifensammlung gleich daneben aus ein paar Schritten Entfernung für eine afrikanische Schnitzerei gehalten werden kann, wird sie auch dafür gehalten.
Das Fenster gibt den Blick frei ins erste Drittel eines kleinen Obstgartens. Eine Sandkiste ist zu sehen, leuchtendes Plastikspielzeug. Eine Dreckskatze mit Schaum vor dem Maul schleppt sich durchs Gras, es steht nicht gut um sie.

127. EIN ÄRGERNIS

Herr Fischlberger küßt lautlos sein Gewehr. Er hat soeben einen Rehbock erspäht, den er in wenigen Sekunden erlegen wird.
Rehe halten sich tagsüber im dichten Gehölz auf und kommen nur abends an den Waldrand. Jedes Jahr wirft der Rehbock sein Geweih ab, das Kitz kommt im Mai zur Welt, hat helle Flecken auf dem rötlichbraunen Fell. Fell ist gut; aber wie soll man sonst sagen?
Fischlberger, der sehr wohl weiß, daß das Leben oft nur wie lauwarmer Kaffee ist, verdient sein Geld bei einer Firma, die mit Grassamen handelt und auch die Begrünung der Rasenflächen entlang der Autobahnstrecken besorgt. Einer seiner Arbeitskollegen, Mertl, singt fast täglich irgendeinen Schmarrn, in dem es immer wieder heißt: Sue, komm heim... usw. Fischlberger kennt das Lied schon auswendig und haßt es. Er hat inzwischen angelegt und lange und genau gezielt. Er drückt ab. Der Rehbock ist weg.

128. MINZE

Die Hündin, scheinschwanger, lag die meiste Zeit nur mehr herum, leckte die Wunde am Vorderfuß. Ihre Zunge, weich und rauh zugleich, desinfizierte wohl auch.
Am späten Nachmittag das wilde Geschrei eines Vogels, es klang im ersten Moment wie das Geräusch beim Zusammenlegen einer Campingliege, war aber nur der Warnruf vor der im Garten herumpilgernden Katze. Zur Sau: Sie wog schon mehr als hundertachtzig Kilo, als es ans Abschlachten ging, und weil es ein überdurchschnittlich heißer Tag geworden war, mußte alles sehr schnell gehen, denn es bestand die Gefahr, daß das aufgeregte Tier einen Kreislaufkollaps erleiden würde. Ein entfernter Verwandter, der Steinmetz, hatte übrigens noch einmal angerufen und sein Interesse bekundet, einen Teil der geschlachteten Sau gleich von der Waage weg zu kaufen. Abgemacht, hieß es.

129. GELB

Sie zischt ihn an und setzt sich. Fang jetzt nicht du auch noch an. Sie stechen kleine Stücke vom Topfenstrudel, nehmen die heißen Kakaotassen zum Mund. Die Stille, die nun wächst, zieht an und kühlt ab, geht bis auf den Knochen. Sind kleine Krokodile in der Tischdecke, im Muster? Ihr Rücken, als sie ruhig dasitzt und abwartet, wird wieder zu einer Bucht, zur schönen, schmalen Anlegestelle. In nur zwei Stunden könnten sie schon zwei- bis dreihundert Kilometer voneinander entfernt sein!
Beide hocken noch da, es ist aber schon kein richtiges Warten mehr. Draußen die Schädel der Wolkentiere, gelbe Ränder, Fremdartiges.
Sie schiebt ihr Haar ein Stück zur Seite, läßt es wieder fallen. Licht ist drin, in Strähnen.

130. UM NICHTS IN DER WELT

Schleichwege, Tricks. Im Sindinger-Graben kullerten die Truthähne. Sie sahen so perfekt, so herzlos aus! Das täuschte natürlich, mußte ja täuschen. Einige von ihnen waren schon ziemlich alt, machten aber ihre Sache immer noch gut. Man durfte nur die Gartentür nicht offenlassen – die Gefiederten würden wahrscheinlich auf die unauffälligste Art und ohne viel Trara ganz einfach straßenwärts verschwinden, abhauen, sich auf die Socken machen.
Wie weit sie wohl kommen würden?
Winzige Insekten kreisten über dem Obstkorb, landeten, starteten, machten Manöver, zu denen scharfe Zickzack-Flüge ebenso dazugehörten wie langgezogene flache Kreise.

131. AM BARTHOLOMÄUSTAG

Holzmehl um die Nasenlöcher, das Kabel der Bohrmaschine mit verkrustetem Hundedreck überzogen. In einer alten Obstkiste trug er das restliche Werkzeug heran. Der blaue Audi! In den kleinen Fenstern des unverputzten Hauses kämpfte das Sonnenlicht mit den Wolken, kroch dann über den Teppich bis zum Stiegenhaus. Vom kleinen Lüftungsfenster aus konnte man schon auf das müde Nachbarhaus hinüberblicken, die Geschichten steckten fast in den Mauern: Von den sieben Kindern drüben hätte jedes einmal sein eigenes Grundstück bekommen sollen! Und alle hatten sie das Einmaleins mit Tränen gelernt, aber sie hatten es gelernt. Zuletzt freilich schauten sie natürlich durch die Finger.
Abends, beim Wegfahren, bevor er in den Wagen stieg und startete, stand er noch kurz an der offenen Tür, die Hand im heruntergekurbelten Fenster, graue Mörtelspritzer bis zum Ellbogen. Dann eine letzte umständliche Geste, die zum Haus zurückwies, ein Räuspern, Abfahrt.

132. ROTZ UND WASSER

Die Glitzertage sind vorbei. Es donnert sich ein, fetzt wie ein Schreckschuß in die Büsche. Die Bäume aber, sekundenlang, brennen wie Felsen auf der Bühne des Landestheaters. Und auf dem Heckblech eines VW-Jetta zwei fickende Krokodile: So spritzig also ist die jetzige Welt! Und auch am Himmel immer wieder schnelle Bilder, bei wechselnder Beleuchtung – wie blutige Affen im Kampf.
Nur im Fernsehen läuft im Moment alles nach Plan: »Umsonst!« singt ein geschminkter weißer Mann aus dem Industrieland, und alle jubeln ihm zu. Er will nicht weinen, schreit er, dann kommt die Gitarre und weint für ihn, und alle können sehen, daß er sich auch in dem Geheul noch zu behaupten weiß. Am Ende der Sendung wird ein Getränk angepriesen, Limonade diesmal.

133. ETWAS FEHLT

Auch scharfe Erinnerungen waren da, freilich. Die alte Vatertant', wie sie sie wusch, sogar zwischen den Beinen, wovor ihr immer grauste – nämlich vor der Tant' und ihrem Geruch und ihrem unnachgiebigen Auftreten.
Einmal riß ihr der Wind die leichte Kappe vom Kopf und warf sie in die erstbeste Wasserlache. Wind auch im Ohr. Musik des Russen Soundso. Zwei Bienen im Treibhaus der Tant'. Geheul von der Straße herüber.
Ein andermal: Fürbitten. Hilferufe, die zu hören waren, aber nicht gehört wurden. Sonnenblumenkerne, geöltes Leder. Einmal wischerlt sie in ein Blumenbeet, und die Tant' dreht auf, staucht sie richtig zusammen. Ihre Freundin schenkt ihr ein geflochtenes Kranzerl aus gelben Blumen, Ochsenaugen vermutlich. Und mit einem in der Tschechoslowakei hergestellten Schwimmreifen lernt sie das Schwimmen im Monat, in dem sich der Tod Napoleons jährt. Beim Einschlafen manchmal jähe Ängste, die loskrachen wie Böllerschüsse; daß sie zum Beispiel am Morgen nicht mehr aufwachen könnte, weil der Gott sie in der Nacht zu sich rufen würde. Das Zittern des Zeigefingers auf dem Beckenknochen. Setra, der Nachbarshund. Die schlaue Großmutter der Nachbarskinder, die einen dicken Mantel für den Hund nähte, aus alten Waschlappen. Der Wattehut. Die summenden Äpfel. Die Schmunzelbücher am Nachtkastl. Die Lieder. Wenn wir erklimmen. Heissa Kathreinerle. Tannige Hosen. Was noch?

134. DIE ERSTEN FEHLER

Hinter den Mauern ist alles in Sicherheit. Die Dünne mit dem nußfarbenen Haar haut ihre Hüften in die Kurve, als sie schräg durch das Café sticht. Der Kellner ist krank, wie immer, aber er ist da, sitzt vor dem Tisch, von dem aus man zur Apotheke hinübersieht. Hat man ihm schon wieder eine Nacht gestohlen? Er schaut das Mädchen mit den extra Hüften von der

Seite her an und streicht sich über seine schwarze Lederhose. Er steht ganz langsam auf und bringt einen Teller mit Mohnkronen zur Vitrine hinüber, und er trägt das Ganze, als wäre Gelatine drauf und eine feine Prise Provinzsex.
Im Anbau, in einem Nebenraum, schwitzt die Tanzgruppe befreiter Frauen, Wolle und Flitterzeug um die sprechenden Körper. Schnelle Fetzen einer kleinen Energie, die nur nach Volkshochschule riecht und aus. Aber dennoch soll alles ein wenig funkeln und strahlen, es muß! Eine der Eifrigsten freilich ist heute nicht da, sie liegt und trägt einen komplizierten Verband, weil sie sich beim Holzhacken auf dem Bauernhof einer Malerin ins Bein geschlagen hat, nur kurz abgerutscht und fertig.
Aus dem Haus gegenüber trägt eine Dreiergruppe gerade ein riesiges Sofa, zwei vorne, einer hinten, und alle drei keuchen zusammen wohl mindestens soviel wie die Flamencofrauen in ihrem kleinen Klubraum, wo die Luft schon fast dampft, weil es so anstrengend hergeht.

135. FAMILIEN

Weil die Eltern entschlossen sind, ihm keinen Computer zu kaufen, sperrt der Sechzehnjährige sich nicht nur in seinem Zimmer, sondern auch noch in seinem Kasten ein und ist den ganzen Nachmittag über unansprechbar.
Im Baum vor dem Fenster seines Zimmers sitzen nacheinander eine große schwarze Krähe, ein Häher und zwei Amseln, aber nichts von all dem sieht er, weil er ausdauernd – geduldig fast – immer noch im Kasten hockt und wütend ist. Schickt er auch ein kleines enttäuschtes Gebet zum Himmel?
Abends jedenfalls ist aller Zorn verraucht, und zum Beginn des Hauptabendprogramms im Fernsehen sitzt der Sohn wieder neben den Eltern, einträchtig, wenn auch still, im Fauteuil, hin und wieder nach der Schüssel mit dem Salzgebäck greifend, die die Mutter nach einer halben Stunde schon nachfüllt.

136. VOM SCHÖNEN IN DER WELT

Ein Rudel großzügig geparkter Autos stand knapp vor dem Wald. Kroch irgendein grobes Vieh mit erhobenem Hinterteil über den Parkplatz, um hinter dem erstbesten Kraftwagen mutlos zusammenzubrechen, also liegenzubleiben? Die Luft, schon leicht gekühlt, gab eine gute Mauer ab.
Und in der Nähe gab es Milchshakes, mächtige Tische, Stahlrohrzauber. Ein paar Dandies der arbeitenden Klasse schauten kurz vorbei, fuhren wieder ab.
Neunmal am Tag mischten sich die Umfelder, opferten sich auf, gaben wirklich alles.
Als es richtig Abend wurde, kam die jüngste Schwester der Kellnerin daher in einem Kleid, das wieder so kurz war, daß sie sich nicht einmal mehr bücken konnte, ohne daß ihr jeder in die Fabrik schauen mußte. Im Fernsehen Werbung.

137. AN DEN OBERFLÄCHEN

Frisch geküßte Fingernägel. Das Schachbuch. Der Zeitungsbericht über das Leben der Lachse. Baby, Baby!
Ihr Rollschuhfoto (darauf sie, in Turnhose und Leibchen, dunkelgrün, Glanz). Der Obstgarten. Die Krähen. Stroh unter dem Tisch. Die alte Illustrierte mit der Serie über die Jesus-Leute.
Die schnelle Geste, die ans Telefonieren erinnert. Der Schatten auf den Steinen. Die Linien, die den Sessel niederkämpfen, und niemand sieht es!

138. VON FERN EIN KLOPFEN

Um 5 Uhr 39 trat die Sonne in das Zeichen der Jungfrau.
Dann, in tiefster Frühe: ein Gehen, das sich wie aus einer Blüte heraus erst entfalten mußte und es auch tat. Bananenblattschritte, feste Dolden, Gummihaut. Fetzige, wolkige Bilder.

In einem davon wurde die Urszene nachgespielt, schnell und abschüssig: der Fick im Wald hinter der Autobahnraststätte! Aber die Frauen, nach denen er Sehnsucht zu haben vermeinte, schienen immer seltener zu werden. Eine von ihnen erzählte, wie in ihrer Kindheit die Großmutter, die im Erdgeschoß unter der Wohnung ihrer Eltern gelebt hatte, immer mit dem Besenstiel an die Decke geklopft habe, wenn sie irgend etwas wollte.

139. NICHTS ANFASSEN

Nach einer Übertragung des »Schusters von Kairo« flogen die Papageien aus ihrem Zimmer durch den Gitterkorridor auf den zu einer Art Voliere umfunktionierten Balkon hinaus und hockten sich dort auf eins ihrer Bretter. Unten im Garten hing tropfnaß aufgehängte Dreißiggradwäsche. Vor dem Gartenzaun stand ein Kind und schoß mit einer Spielzeugpistole auf vorbeifahrende Autos, unermüdlich und sehr ernst. Es roch nach Öl. Aus einem der Vorgärten kam ein Rauchfangkehrer, leise trug er seine Besen zum nächsten Haus. Und vom Ende der Straße her näherte sich langsam ein Paar. Und hielt die Schnauze.

140. WALLUNGEN

Almabtrieb im Fernsehen. Die einzelnen Kanäle, in die die Wirklichkeit gefaßt ist, schießen mutig ineinander. Es heißt, die Schweizer wollen wieder Geld, Osteuropa verlangt ein wenig mehr Plötzlichkeit – aber Paula hat keinen Essig mehr im Haus. Auch sonst fehlt so manches. O Paula.
Soll sie jeden Tag noch stärker werden?
Man hat ihr vor kurzem eine Broschüre zugeschickt, in der Fragen angerissen und beantwortet werden, die tatsächlich auch Paula interessieren: Wie erziele ich ruhigen Schlaf? Wie

festige ich den Kreislauf und normalisiere den Blutdruck? Wie entspanne ich Körper, Nerven etc.?
Schon wieder ein Flugzeug. Paula lächelt friedlich.
Nie will sie jemanden umbringen, wirklich nicht. Wer will das schon!
Paula hat Wasser in den Beinen, seit Jahren, aber sie ist nicht blind. Keine der Gegenden, die sie je mit den Augen durchwandert hat, konnte bloß so vorbeischlüpfen, das ließ sie nicht zu. Fest sah sie hin und wußte sofort, was hier los war. Meistens ohnehin nicht viel.

141. KUCHEN MIT ROSE

Manchmal zerkracht ein Fenster unten, oder es geht jemand vorbei, zerschmuste Frisur, aufgeklebte Flammen. Durch die blaue Tasse läuft ein Strich, brennende Zwetschken auf dem Baum vor dem Fenster. Zwei Zimmer weiter wird jemand mit einem Schuh verprügelt, und unausgesetzt fliegen Vögel hin und her, gleiten behutsam über ihr Stammland, das hier von Baumgruppen und Gärten bestimmt wird. Weit hinten ein Streifen mit Baustellencharakter – gehört bereits zum Sägewerk. Die Wolken: dünn und strähnig.
Die beiden aber haben jetzt kein Auge für all das. Sie hebt ihren linken Arm hoch, läßt sich von ihm die Achsel lecken, hält das aus ohne Lachen.

142. BRAV

Er ahnte: Die Unruhe vor einer allmählichen Veränderung ist, wie es einmal jemand ausgedrückt hat, wie ein scheußliches Gestrüpp – überall nur Stacheln und lästige, gefährliche Zweige, nichts Freundliches, nichts Anmutiges. Erst mit der Zeit fällt das scheußliche Gestrüpp ab, man erkennt einen stattlichen Baum, der schließlich wunderbare Blüten treibt. Einige von ihnen wenigstens hätte er gern einmal gesehen!

Um sich von einem dumpfen Gebrüll im Kopf und einem heftigen Magenfieber zu befreien, nahm er ein aus getrockneten und zerstampften Brechwurzeln hergestelltes Pulver ein, aber auch das half natürlich nichts. Am Fenster: der stille Kampf zweier Mücken.
Er kannte einen, der sich leidenschaftlich gewünscht hatte, von einer melancholischen, mageren Frau geliebt zu werden, einer Künstlerin. Er wurde es schließlich und fand darin kein Glück.
Lange Jahre schien auch er auf irgendeinen romantischen Zufall gewartet zu haben, der seine Gefühle einer gleichfalls gefühlsbegabten Frau hätte offenbaren sollen. Mittlerweile aber wuchs sich das düstere Viertel im Kopf bereits zu seiner mehr als doppelten Größe aus. Hätte er im Familienverband gelebt, er hätte doch alle nur in seine Düsterkeit hineingerissen. Das Knirschen im inneren Eisbruch!
Andererseits: Ist jemand, nur weil er einsam ist, auch schon ein Held?

143. EINIGES ÜBER GASTRONOMIE

Im lauen Restaurant. Weiche Melodiebögen, die aus Tosca stammen müssen, schieben sich an den Wänden entlang. Die Drecksstadt mag murmeln und johlen, was sie will, es dringt hier nicht durch die Scheiben.
Neben der Kleiderablage ein farbiger Kalender mit Bildern von Meerestieren und kleinen Seemannsgeschichten. Vor dem ersten Fenster links neben der Tür parkt ein Mofa, Plastiksandalen auf dem Gepäckträger.
Später leises Zwielicht, anmutig rollende Gesäßbacken, ein Flimmern über den Dächern der Kraftfahrzeuge. In einem der Fahrzeuge fressen einander zwei Liebende auf.

144. BÖSES LICHT IN DER KÜCHE

Ein Tag wie frische Zuckerwatte. Warum ihn dann noch versüßen?
Birgit ist achtzehn Jahre und zweiundneunzig Tage, Lena auch schon fast. Birgit mag Pilze, Gemüsesaucen, John Lydon. Lena auch. Im Vorzimmer riecht es nach angebrannten Bohnen, im Stiegenhaus schon nicht mehr.

145. DIE WUNDE BLEIBT GESCHLOSSEN

Der ehemalige Pfadfinder schneidet sich noch ein Stück Wurst ab und zieht das Frühstück in die Länge. Sein Motorrad: zerlegt und aufgebockt in der Garage. Auf dem Tisch neben dem Teller ein Farbkamm.
Nachts, in den Träumen, kommen öfters auch Schnecken zur Tränke, drängen sich um die flache Schale. Frische Eier am Tisch, Zigaretten, Blumen im Morgenlicht. Zäh sein, dumm sein, aber auf jeden Fall immer ganz scharf gekämmt wie im Pony-Land, wo es auch Regenbogen gibt, selbst wenn die Sonne gar nicht scheint!
Die Tage hier: Sie lassen sich zerlegen, jeder weiß das.
Jemand hält feierlich sein Liebstes an sich gepreßt, schaut dabei ins Weite. Ist es ein Tier, ist es ein Mensch, eine innere Konstellation?
Einmal, Sommerende, singt eine Frau im Fernsehen über die Schatten am Fluß, und den Fluß gibt es gar nicht.

146. KLEINER SCHRECKEN

Ein stiller Spätsommertag. O weh! Luchsi hat eine Wunde an der Pfote und kann nur mühsam hoppeln. Die Delta-Frau muß ihn zum Tierarzt bringen. Der hilft dem kranken Hund, pinselt die Wunde mit Jod ein und verbindet sie. Die Frau

sieht er lange an, und damit alles seine Ordnung hat, spricht er dabei.
Bald wird Luchsi wieder fröhlich springen, wie das Pferd, das Schaf, die Kropftaube, der Esel. Das freut dann sicher auch die Frau, die meistens im Kanzleiton spricht und helle, glatte Kniekehlen hat. Und Volleyballbrüste, in deren Nähe der Tierarzt gerne länger verblieben wäre, um sich wenigstens mit den Augen in sie hineinwühlen zu können.

147. EIN BISSCHEN MEHR

Die Frauen spielten Billard, ließen sich sentimentale Geschichten vom Älterwerden erzählen und langsame Autolieder vorsingen. Und sie ließen sich angreifen oder machten manchmal diesen breiten Mund, den sie aus Filmen kannten.
Einer, der bereits Großvater war, sang dann ein Lied, noch aus der Zeit, als er als Hippie über Land gefahren war. Ein hauptberuflicher Verkaufsberater aus einem Musikgeschäft spielte ihm die Glasgitarre, und die Zuhörenden waren so geduldig, so hingerissen, daß ihre Augen wirklich leuchteten, während sie die Köpfe im Takt leicht bewegten. Eine, die besonders gierig an den Lippen dieses singenden Erzählers hing, tat später auf dem Heimweg so, als schliche sie durch dichtes Kraut, griff sich dann vor der Haustür noch ganz kurz an ihren weißen Hals und zeigte überhaupt beinahe raubgierige kleine Bewegungen, die letztlich immer – wenn da nicht alles täuschte – nur auf sie selbst abzielten. Die Frau verschwand dann, will heißen, sie stieg wahrscheinlich hinauf in ihre kleine Wohnung, zweiter oder dritter Stock, wo sie, zum Abschluß dieses Abends, wohl noch den Wecker stellte und das Licht abdrehte. Wie immer.

148. RÜCKENWIND

Er macht den japanischen Brief auf. Shiro Tanimura hat wieder einmal von sich hören lassen und eine Fotografie von sich selbst beigelegt, wie er mit Familie am Tisch sitzt und in einem Weltraumatlas blättert. Und was schreibt er so, der Shiro?
Daß er beabsichtige, demnächst vielleicht für immer in die USA zu gehen, wo seine Freundin lebe, eine zweiundzwanzigjährige Kalifornierin. Sie hätten die Absicht zu heiraten, vielleicht würde er sogar einmal amerikanischer Staatsbürger werden, wenn es mit dem Angebot etwas werde, für Rockwell & Draper Laboratories zu arbeiten, eine Computerfirma, die unter anderem auch Bordcomputer für Raumfähren entwickelt habe. Der Vater der Braut habe in Vietnam gekämpft und sei vor kurzem anläßlich einer Asienreise bei ihm und seiner Familie in Japan gewesen und dann nach Vietnam weitergereist, wo er an den einstigen Kriegsschauplätzen nun russische und europäische Touristen vorgefunden habe. Er sei in der Bucht von Da Nang in den Marmorbergen herumgeklettert, mehr als eine Woche im Norden in der Halong-Bucht gewesen, einem einzigartigen Naturwunder östlich von Hanoi, habe dort ehemalige U. S.-amerikanische Stahlhelme als Kochtöpfe in Verwendung gesehen und mit Löffeln gegessen, die aus den Tragflächen abgeschossener B-52-Bomber hergestellt worden waren.
Beiliegend schickt Shiro ihm die statistischen Angaben aus dem Nordpazifischen Luftfahrthandbuch, die auch Navigationsfehler und Koppelungen von technischem und menschlichem Versagen auswerten, um ihm aus japanischer Sicht Antworten auf seine Fragen bezüglich des Abschusses des koreanischen Passagierflugzeugs KAL 007 zu geben. Das Flugzeug war auf der Route Anchorage–Seoul aus immer noch nicht einwandfrei geklärten Gründen von der computergesteuerten Richtung abgekommen und hatte sowohl die Halbinsel Kamtschatka als auch die Insel Sachalin in einem Gebiet überflogen, in dem sich sowjetische Raketenstartplätze

und Atom-U-Boot-Stützpunkte befanden. Das Flugzeug war daraufhin über dem Ochotskischen Meer südlich von Sachalin und nordwestlich von Japan mittels einer hitzesuchenden Rakete, die von den heißen Abgasen angezogen wird, abgeschossen worden.
Am Schluß des Briefes schwärmt Shiro Tanimura natürlich wieder von Österreich, von Pötzleinsdorf und vom Kahlenbergblick auf die schöne dösende Stadt.
Der Heidelbeerstrudel raucht noch, als er den Brief jetzt beiseite legt. Nach dem Essen liest er ihn noch einmal. Fünfeinhalb Seiten, die Statistik aus dem Luftfahrthandbuch nicht miteingerechnet.

149. TEMPO

Im Gebiet um das Forsthaus, wo der Emu arbeitet, haben sie jetzt die Futterstellen für das Wild fertig. Es sind dies schmale hölzerne Tröge oder gespreizte Pfähle, jeweils für Körnerfutter bzw. Lecksalz, die Höhe etwa so, daß selbst ein plumpes Flußpferd noch schön danach schnappen könnte.
Einer der als Bauernbuben verkleideten Wochenendausflüglerfratzen rennt im Hirschhornjanker den Bach entlang, in der Hosentasche knatternd die Dose mit den Traubenzuckerkugeln. Er rennt so lange hin und her, bis man ihm schreit oder der Wagen gestartet wird und es wieder heimwärts geht. Vielleicht nimmt er sich noch ein leeres Weinbergschneckenhaus mit oder einen Haselnußstecken, damit er eine Erinnerung hat oder etwas zum Herzeigen und Angeben oder beides? Beides geht nicht.

150. WEISSES RAUSCHEN

Charlie wirft ihre Handtasche ins Eck. Sie legt ein Bein, es ist schön, auf den Stuhl, bleckt die Zähne. Kein Stil jetzt, keine Brücken. Letzte Mücken sind da, sie zittern und wandern

herum, suchen die Löcher. Welche? Das Wirkliche: ein scharfer Besen. Die saugende Ferne! Die Lebensgier! Stampft ein Autobus durch den Park unten? Fragt sich Charlie, was kommt jetzt?
In der Wohnung oberhalb rollen Kinder über den Boden, ein Radio schreit durch sämtliche Gemächer. Charlie geht ans Fenster, bleibt dort stehen. Sie hebt ihr Kleid ein Stück hoch, bis knapp unter das Geschlecht, läßt es wieder fallen. Die Augen arbeiten und ruhen sich dann wieder aus, das wechselt.
Ein Geschirrtuch, aus diesem Fenster geschleudert, braucht wohl ganze sieben Sekunden, um unten den Erdboden zu erreichen. Dann aber wird es vom Lärm überschwemmt. Heiße Arme, Achseln, Gerüche sind da, sie sind unten, in Bewegung, siegreich, verloren. Charlie ist oben. Sie ist dunkel, sehnig, sie gefällt sich. Und sie arbeitet immer noch bei dieser Zahnärztin. Morgen nicht, da ist Feiertag.

151. WINDROSE

Hinter der Ausflugsbude spannten sich Gartenflächen, von zierlichen Wegen durchschnitten. Am Vorplatz kleine Wolken von Auspuffgasen, die sich unversehens verflüchtigten.
Wenn alles so einfach wäre!
Den Angetrauten der reich behaarten Budenfrau hatte vor wenigen Wochen der Schlag gestreift, alles nahm bereits mehr oder weniger seinen Lauf.
Und durch die Verkaufs- und Einkaufsstraßen der nahen Stadt streiften junge Horden, hielten dort und da an, verbrüderten sich mit irritierten Passanten, gaben unverlangte Auskünfte, kauften Zigaretten, Dosen, wieder Zigaretten.
So war es.

152. AUF DER HUT

Das Feuer im Garten ist ein tiefrot verfärbter Zierstrauch, der den Hang zur Terrasse in zwei Abschnitte teilt. Weiter unten in der Siedlung aber brennt jetzt tatsächlich etwas. Die alte Frau hat sich einen Gartenklappstuhl geholt und sitzt in sieben Schritt Entfernung vor einem qualmenden Haufen aus Ernteabfall: Sie bewacht das Feuer, sieht, wie der leiseste Lufthauch dem Qualm sofort eine neue Richtung gibt oder ihn überhaupt zerfetzt.
Damit ihr – trotz der Nähe zum Feuer – im Rücken nicht kalt wird, hat sie sich die schöne Tartandecke über den Klappsessel gelegt, die ihr die Schwiegertochter vom Urlaub mitgebracht hat.
Die Frau sitzt ruhig da, keineswegs zusammengesunken. Ihr Haar ist zu einem kecken Oberkopfknoten gebändigt, sie ist ganz Auge und Ohr, hat den Garten und das Feuer mit den Blicken im Griff. Und sollte es nicht auch so sein?

153. JUBEL

Am Abend drosch er wilde Mengen Harn in den Sand vor dem Wirtshaus. Sturzbetrunken beendete er den Tag, an dem die Bahn zum Tag der offenen Tür eingeladen hatte, Filme über die Geschichte der Bundesbahn gezeigt und Zutritt zu den Lokführerkabinen der berühmten roten E-Loks geboten hatte u. a. m. Der Bahnvorstand, ein Sportlertyp mit fleischigen Schenkeln, war den ganzen Tag über zu allem bereit, hätte am liebsten immer wieder Witze in seine Ausführungen eingestreut. Im Güterschuppen, in den man ein paar hölzerne Langbänke als Sitzgelegenheiten vor die Leinwand geschoben hatte, auf der ein Werbefilm für die Bundesbahn zu sehen gewesen war, war hinten links ein Eigenwilliger im Türkensitz am Boden gesessen und hatte immer wieder »Bravo!« in den Werbefilm hineingebrüllt, als wollte er sich über alles lustig machen. Der Film hatte eine Bahnfahrt durch eine gebirgige Landschaft gezeigt, dann Innenaufnahmen aus einem Speisewagen. Die gefilmten Gäste hatten sich offensichtlich bemüht, wie Stolz und Zufriedenheit ausstrahlende Fahrgäste auszusehen, und es war ihnen gelungen. Musik: Leonorenouvertüre, ein paar Dutzend Takte nur, aber das hatte gereicht. Dann hinüber ins Wirtshaus, Lagebesprechung.

154. LEBEN, TREIBEN

In den Morgenstunden spürt man schon den Herbst. Ein Weberknecht sitzt im Fensterrahmen, bewegt sich pumpend, nicht zu schnell. Tapferer Kerl!
Außerdem gibt es einen kleinen Unterschlupf, in einem Mischwald, keine zwei Kilometer von hier. So schön dort!
Trägheit: seltsamer Zustand. Mittags ein Stöhnen, kurze Schreie, dann wieder die süße, lange Stille. Wespen schlüpfen in die Höhlen, die sie ins Fleisch der Birnen gefressen haben.

155. DIE HÄLFTE

Jetzt Glockenschläge. Eine späte Einkäuferin mit Tigerschuhen lief über den mittagswarmen Asphalt, wedelte mit einer halbvollen Plastiktasche, als sie jemanden in einiger Entfernung grüßte. Ehrgeiz straffte sie und ließ sie größer werden im Weitergehen.
Die Luft hatte Krusten und hin und wieder Stellen, wo es nicht mehr richtig weiterging. Auf einem Fenstersims lag eine kleine Bakelitmundharmonika, vergessen, verloren. Und klar war: Auch aus jedem Leben ließen sich körnige Stellen, Verhärtungen herausbrechen, die deswegen noch lange nicht das größere Kontinuum als solches in Fluß brachten. Aber die Räder drehten sich, die Fahrzeuge kamen voran, und auch aus den Radios, wenn die Fenster heruntergekurbelt waren, hörte man die Mittagsglocken.

156. PARABEL

Hätte er nicht einen kecken Landgeistlichen abgegeben? Er lebte seit einem halben Jahr im Hüttenviertel, einer Gegend, in der Gelegenheitsarbeiter und schlagendes Volk ihre Unterkünfte hatten. Er benahm sich dort recht unauffällig und zeigte einen Hang zu eigentümlichen Schlußfolgerungen.
Sein Vater, wieder gesund und fast täglich auf Visite, blickte den Kranken versonnen auf die Stirn, griff ihnen ans Herz. Krabbenkuchen als Medizin? Wie sein Sohn hatte er etwas von einem melancholischen Dulder, den nichts wirklich verwundern konnte, obwohl alle anderen ihn seltsam fanden. Aber niemand durfte ihm zu nahe treten, wirklich nicht. Als sich auf seiner Stirn die ersten Runzeln zeigten, legte er sich eine vernichtende Antwort zurecht für den Fall, daß jemand auf sein arbeits- und entbehrungsreiches Leben zu sprechen kommen sollte und auf den Dank, den man ihm für sein selbstloses Wirken letztlich schulde. Er nahm sich jetzt manchmal sogar wieder die Geometrie vor, die ihm von neuem zeigte, was sie vom Undeutlichen und aller Spekulation so schärfstens unterschied. Dann wieder versenkte er sich in Nebensächlichkeiten, zeigte einer Wespe, die sich in die Ordination verirrt hatte, den Weg ins Freie und hörte von draußen das Singen der Kreissägen, die jetzt überall eingeschaltet waren, um das Holz für den kommenden Winter zusammenzuschneiden.
Der Sohn lebte auch im Hüttenviertel, träge wie immer, er mußte dickes, fettes Blut in seinen Adern haben. Mit seiner Freundin, die es ins kosmetische Fach verschlagen hatte, stritt er sich darum, wer von ihnen das geschundenere Herz habe. Kaum ein Beisammensein ganz ohne Stänkereien.
Am Tag, als der Herbst beginnt, stehen die beiden spätnachmittags in ihrer Einzimmerwohnung am Fenster und schauen nach unten, wo ein Hund eine Ente in Verlegenheit gebracht hat. Der Melancholiker nimmt eine ausgepreßte Zitrone und haut sie nach dem Hund, verfehlt ihn knapp. Die halbe Schale rollt ein Stück zur Seite, in flachem Parabelbogen.

157. LUFT UND KNOCHEN

Ein scharlachrot verfärbtes Birnbaumblatt. Herbstmücken. Der Tag mischt milde Lichter. Ein Seidentag? Die technische Zeichnerin jedenfalls lacht, prustend. Sie taumelt bis zur Mauer hin, schlägt sich, hingekauert, auf die Schenkel mit den Blumenhosen, sie hat den Witz noch nicht gekannt und wischt sich jetzt den Mund, aus dem ein wenig Spucke kommt. Als man ihr einen zusammengefalteten Wanderschirm hinwirft, fängt sie ihn mit beiden Händen auf. Im Spaß legt sie ihn an die Wange wie ein Gewehr, zielt auf die langsam Weitergehenden. Die Welt ist großartig; bitte glauben!

158. TRAGSEIL

Zertrümmertes Holz lag in Stücken groß wie Fleisch auf dem Weg. Leises Sonnenlicht von Südwest nach Nordost. In der Ferne surrte eine Seilbahn bergwärts, wenige Meter daneben schloff eine schwarze harte Schlange aus gedrehten Metallbändern ins Tal hinab.
Das Gehirn konnte zählen, zusammenfassen, pausieren. Aber nur ganz kurz. Genaugenommen gar nicht. Eine heimliche heilige Stille.
Jetzt konnte alles nützlich und gefährlich werden. Die Sinne! Der Tod! Alle Freuden! Man weiß, wie langsam Tiere sterben. Und man weiß auch: Alle Herzen passen ineinander, aber sie sind keine Antworten.
Es war der Heimweg, und knapp am Rand einer stark abschüssigen Wiese saß jemand und schaute lange über den schweigenden Mischwald. Es hätte nichts genützt, den Wald oder den Bergrücken anzuschreien, viel eher gebot jetzt der Anstand ein leises Räuspern. Auch Krähen waren da und alte Gerüche aus dem Boden, der dunkel war. Die Krähen schrien.

159. ÜBER DIE GELEISE

Der Schnürlmann im schwarzen Leder. Am Bahndamm verbrennt ein Arbeiter alte Kartons, ein eigensinniges Huhn steht lange in der Nähe, sieht ein wenig zu.
Im Ort geht dann einer mit einer um Bauch und Rücken gegürteten Reklametafel auf und ab, auf der die Neueröffnung eines Kaufhauses bekanntgegeben wird.
Wird ein Schwarm unruhiger Vögel zu einer Herde dahinjagender Pferde, wenn man die Augen ganz schmal macht?
Die Verkäuferin beschleunigt ihren Schritt und überquert bereits den Krankenhausvorplatz.
Ihr Liebster liegt im vierten Stock und legt den Kopf auf die Plastikhaut über dem Lautsprecher des Radioapparats. Wenn er besucht wird, stützt er sich halb auf und spannt den Mund, auch die Augen werden breit. Die neue Lernschwester ist ihm mit Abstand die liebste, das ist leicht zu verstehen. Allein schon ihre harte Frisur, die dünne Kreide unter ihrer Gesichtshaut!
Aber wenn die Verkäuferin da ist, stört die Schwester die beiden kein einziges Mal. Die weiß, was sich gehört.

160. ZUVIEL VON GESTERN

Und tatsächlich bekommt er Schmerzensgeld. Er kauft sich damit einen der neuesten Plattenspieler und dreht an manchen Abenden so laut auf, daß auch die Leute, die vor dem Haus auf den Bus warten, jederzeit ungefragt mithören können.
Trotzdem wird alles komplizierter. Er kühlt seine heiße Stirn, indem er sie fast eine Minute lang an die kalte Tür legt, bevor er geht. Nicht zu schnell. Sein Bruder, dieser Arsch, schläft jetzt angeblich in einem Geräteschuppen. Ob er auch diese glasigen Träume kennt?
Der Bruder ist ein Mensch, dessen geschiedene Frau früher im Perlonkittel an einer Kasse saß und freundlich die Summen nachsprach. Und einmal, vor Jahren, als ein starker Wind

ging, standen die beiden auf einer flachgedrückten Morris-Karosserie und lachten. Gern trug der Bruder auch diesen Ledergurt, den er damals von ihr bekommen hatte. Aber er schien oft schon im Stehen zu knien, als wollte er voller Mißmut versinken – und genau das ist ihm ja dann auch noch wirklich gelungen, dem gelernten Parkettbodenleger.
Sieben Stockwerke. Das Bauwerk will es so. Bitte bremsen und raus.
Draußen harte, frische Luft. Weil es regnet, trotz der Kälte, gibt es große Pfützen mit Lichtern drin. Droben schwere schwarze Wolken wie Elefantenmägen, aber langsam, langsam wie Jesus auf diesem See, über den er ein Stück drüberging, weil er wollte oder mußte.

161. LAX

Nachmittag: Ganser gibt seiner jüngsten Tochter Fahrstunden, das Übungsfahrt-Schild ist mit Tixo ans Innenglas geklebt.
Acht Stunden danach: Ganser schnarcht, Frau Ganser liegt noch wach, obige Tochter sitzt beim Nachtfilm. Keine Haustiere, keine Enkelkinder: noch.
Wieder acht Stunden danach: Frau Ganser schaut lange beim Fenster hinaus, kriegt nur mehr Nebel in den Blick und hat gute Lust, sich nie wieder zu bewegen und nie wieder etwas zu tun, aber das geht nicht. So durchgeknetet sieht sie aus! Und hingekauert wie die bürgerlichen Tugenden. Ihre Schinken!
Haustiere und Enkelkinder also: nichts. Und frischer Mut und Lebenskraut: detto. Ein Geräusch bitte.

162. SCHWADEN

An die Mauer des Klostergartens hatte jemand eine Kulturphrase gesprüht, sie war noch nicht übertüncht worden. Ein kleiner Automat hing an der Ecke. Dort standen temperamentlos ein paar Frauen beisammen, bis eine von ihnen zu wettern anfing und sich dann auch schon verabschiedete. Die Stunde schaukelte, die Stunde fuhr hoch und biß jetzt die alten Leute ins Bein. Auch die Munterkeit der Damen vor dem Geschäft des Bandagisten gehört ins Umfeld dieser Stunde. Auf dem Dach des Hauses daneben schwankende Fernsehantennen, unter den Fenstern nasse Flecken die Mauer hinunter, vom Morgenregen. In einem der Zimmer schnitten Arbeiterinnen dünne Teppiche in Streifen, ein Mann in blauem Hemd saß an einem Kassapult und sah ihnen zu. Mit einem Windstoß setzte erneut der Regen ein und schlug welkende Blätter aus den Büschen. Ein Wagen mit häßlichen Menschen drin fuhr vorüber, gleich darauf noch einer. Und aus.

163. MÄNNER, FRAUEN, KINDER

Die Schnelligkeit, mit der an jeder Ecke das Leben verrauscht! Sie lächelt, sinniert. Der Schwager, durstig wie ein Kamel, träumt jetzt angeblich ebenfalls von einer Existenz in der Stadt, von Kursen, die er längst besuchen hätte können, wären nicht die privaten Sorgen dazwischengekommen. Eines Tages aber, und so weiter, eines Tages würde er es dann wohl trotzdem noch einmal allen zeigen – genau dann, wenn niemand mehr damit rechnen konnte, die Nachbarschaft, der Betrieb, das ganze Tal. Stehen tote Blumen im Hintergarten?
Manchmal stellt sich wahrscheinlich tatsächlich der Wunsch ein, alles einfach sausen zu lassen. Eine Art Himmel eröffnet sich, wenn sie zu lächeln beginnt, die schönen vollen Lippen in die Breite zieht, braunes Haar von hinten hochgesteckt – was fehlt?

Ein Bekannter, erfuhr sie unlängst, ein Gefährte aus Volksschultagen, ist nun, mit neunundzwanzig Jahren, tatsächlich noch zum Zirkus gegangen, zu einem harmlosen Winzigbetrieb zwar, aber trotzdem. Er macht die Nummer mit dem Feuer und mit der Sonnenfrau, der jüngsten Tochter des Direktors, die gerade für den Führerschein lernt. Und wenn er einmal in die Großstädte kommen sollte, wird er sich die Schuhe kaufen, die Bill Wyman vor sechzehn Jahren auf diesem Foto getragen hat, so ähnliche zumindest, hat er gesagt.

164. SCHLEIFEN

Eine Trachtenmutter, falsche Weintrauben, Blumen und farbige Bänder am Hut, zeigt ihren um sie hockenden Kindern ein paar Bilder von Tieren, die sie gezeichnet hat. Das Geheimnis der dicken Hand: Wenn sie alles auslöscht, ausradiert, was ist dann noch da?
Die Geräusche ziehen vorbei, das Rauschen selbst steigt auf und geht in die Bäume zurück. Die Hand mit dem mit Goldfäden abgesteppten Ärmel zeigt zu den Häusern hinüber. Das Gras und die Luft sind voll Wolle. Berge in Wolken, von denen einige wenige am Rand sich voranzuschieben scheinen auf die Art, wie auch die Zeit, die Tage das tun.

165. ALSO DOCH

Ende der Sommerzeit. Obsttage. Gemüsetage. Und in den Gesprächen der Leute im Ort, sogar in den harmlosesten Anredeformeln, fand sich ein neuer Ernst, der wohl mit der Jahreszeit zusammenhängen mochte, womit sonst? Südwärts rauschende Vögel trafen sich auf den Feldern, kreisten über den Siedlungen. Dann Wassergitarren, brennende Boote. Der unbestimmte Schopf der Wälder! Summte der Wind eine alte peruanische Melodie?

Entschlossener Regen! Auch er kam und blieb nicht, kämpfte sich durch, zeigte neue Wendungen und war am Ende doch immer wieder nur: schlechtes Wetter.

166. RIPPENSTÜCK

Das sind die Momente. Das Spinnennetz bläht sich, Luftwellen ziehen durch, unten das grün leuchtende Wasser. Das eine ist zu Ende, etwas anderes hat noch nicht begonnen – sonderbare Zwischenzeit.
Wird man lange brauchen, um mit der Dunkelheit unter den Schritten zurechtzukommen? Und alles wird tagtäglich schwieriger?
Es dauert fast immer zu lange, bis die falschen Gefühle wieder weg sind und an ihrer Stelle sich etwas anderes, weniger Dampfendes breitgemacht hat. Aber die neue Wirrnis kommt in neuen Verkleidungen, setzt sich zusammen aus unzähligen Harmlosigkeiten, baut sich auf, behauptet frech und ohne Zaudern ihren Platz und hat ihn schon, kein Zweifel.

167. KEIN WUNDER

Ein Balken Licht fällt aus dem Vorzimmer, im Waschbecken liegen Haare von einer Rehdecke. Die Frau bringt den Mürbteigschober und sucht dann das Fotoalbum. Gehst weg, sagt sie zum Hund und schreit der Tochter, die drüben im Zimmer vor dem Computer sitzt und die Disketten beschriftet.
Außer der Tochter hat sie jetzt niemanden mehr, der ihr sagt, daß das, was sie so fühlt, genauso wirklich ist wie ihr Körper oder das Aquarium. Aber gegen Mitternacht hat sie oft einen wilden Hunger, der sie ganz klein macht, bis sie endlich zu schlafen anfängt, weil auch die Müdigkeit sie umwälzt.
Im letzten Winter, erzählt sie, hat das Gewicht der Eiszapfen an der Nordseite des Hauses die Dachrinne so nach unten gezogen, daß jetzt bei jedem stärkeren Regen das Wasser wie

ein Vorhang aus der Rinne herausschießt. Ansonsten aber
redet sie nicht gern vom letzten Winter.
In eine stille, mittelgroße Stadt ziehen?

168. BEWEGUNG

Jetzt am Bahnhof. Abermals der frühe Herbst, noch kein
Klirren in der Luft. Einer mit verbundenem Ohr (Leukoplast), schwerfälligem Gang, Seesack über der rechten Schulter, schlurft vorbei.
Der Schwefelboden! Der Staub verwischt, in Spiralen; kein
Tier ist zu sehen, weit und breit nicht. Aber in einem der
Autos auf dem Parkplatz wird hastig gevögelt, es kommt
immer wieder Bewegung in den Wagen, und die hört auch
nicht auf, als der Zug längst eingefahren ist.

169. SICHER

Während der Bahnfahrt zur Schwägerin in der Stadt sah sie
immer wieder lange aus dem Fenster. Wehende Felder von
dünner Helligkeit über den Landschaften. Neben einem aus
Steinen gemauerten alten Bahnwärterhäuschen ein nur wenige
Schritte langes kleines Maisfeld, und der Mais stand spröde
und vertrocknet da, die Blätter, die Stengel wie Rohre. In ihrer
Kindheitslandschaft gab es einen vor einem Abhang endenden grünen Hügel, auf dem Brombeeren wuchsen und Brennnesseln ein altes Gemäuer – die Reste eines Unterstandes für
Rinder – überwuchert hatten. Von allen Seiten konnten Wind
und Licht heran und dem Hügel zusetzen und ihn zu dem
machen, was er nun war. Er hatte zum Landbesitz des Bruders
eines Kaufmannes gehört, der sein Geschäft verkaufen mußte,
nachdem er nur mehr Verluste gemacht hatte. Während er –
ein Nachtmensch – den halben Vormittag schlief, weil er
nachts immer herumwanderte und sogar Besuche machte,
stahlen ihm die Angestellten die Waren aus den Regalen.

Als sie das nächstemal hinausblickte, fuhr der Zug gerade am Heimito-von-Doderer-Wohnheim für alte Leute vorbei, der Fahrtwind riß die Büsche neben dem Bahndamm zur Seite, ließ sie wieder zurückfedern. Das Leuchten, das auch aus den Straßen herüberkam! Und leuchteten denn nicht sogar die Gesichter der Geschäftigen, die sie im Vorbeifahren draußen kurz sah?
Unter ihrem Sitzplatz neben dem Fenster klebte ein Heftpflaster, sie war mit den Fingern daran angekommen, hatte es gespürt und die Hand zurückgezogen. Die ältere Frau, die ihr gegenüber saß, hatte sie sie dabei beobachtet? Die schien jetzt bloß nachzudenken, sah ebenfalls immer wieder zum Fenster hinaus, machte sich dann als erste zum Aussteigen bereit, als der Zug durch das vorstädtische Industriegebiet rollte. War sie nicht auch verwegen, wie sie jetzt ihre Taschen zusammensuchte, sich erhob, kurz nickte, etwas murmelte und sich durch den Mittelgang davonschob wie eine der Verschonten, die noch wußten, wie eins aufs andere zu folgen hatte? Oder trug sie eine unsichtbare Rüstung, die die kleinen Haltestellen der Tränen an den Wangen hinunter verbarg?
Wenig später ging sie durch den Resselpark, zog einen langen Bogen durch das Laub, konnte darin sofort einen Weg erkennen, der durch ihr Gehen entstanden war. Dann weiter, über die nächste Straße, in den Strom der ebenfalls Gehenden hinein.

170. IM UHRZEIGERSINN

Tatsächlich also ist er Fahrschullehrer geworden. Er besitzt zwei Hunde und hat ein schönes Grundstück gekauft, sucht nun eine Gefährtin. Die Fahrkurse werden im ersten Stock eines öffentlichen Gebäudes abgehalten: In dem länglichen Raum mit mehreren Sesselreihen gibt es eine grüne Magnettafel und allerhand zusammenrollbare Wandbilder. Vom Fenster aus kann man auf die Rückseite eines alten Wirtschaftsgebäudes sehen, unter dessen Dachvorsprung

sogar noch ein hölzerner Taubenschlag ist. In der Ferne der Kirchturm.
Am Nachbarhaus neben dem Wirtschaftsgebäude wird ein Gerüst aufgebaut, damit die Fassade neu gestrichen werden kann. Lianen auf einem der Bäume im Garten daneben.
Manchmal fängt er schon am Vormittag ein wenig zu trinken an. Aber meist nur soviel, daß er eine langsam sich ausbreitende Kraft heraufkommen spürt, mit der er sich auf einmal allem wieder gewachsen fühlt. Wie die Landschaft dann weich wird und breit!
Vorherrschend aber: Unruhe und das Gefühl, die zur Verfügung stehende Zeit nur wie von außen zu sehen, ihr Verschwinden vor allem.

171. VERGALOPPIERT

War sie nicht schön gewesen auf dem Rücken der Stute!
Aber niemand wollte seine Hand über ihr Herz legen und es drücken – als hätten sie alle Schiß oder andere Begierden.
Im Spätherbst, an einem sogenannten strahlenden Wochenende, fuhr sie mit dem Sohn eines Winzers in die Hohen Tauern, legte zu Fuß gewaltige Strecken zurück und fragte sich wie in einem Film: Wird die Liebe wachsen?
Sie schüttelte den Kopf, schwieg und lächelte.
Und im Haus ihrer Mutter war alles in Ordnung, das eingelagerte Obst, der verrauchte alte Stiefvater?
Mandolinen! Und ein Hahn, der aus einem Berggasthof krächzte! Mandolinen? Nein, aber der Hahn war deutlich zu hören. In ihrem Zimmer im ersten Stock, dem Bettenzimmer (das Bett ihrer Schwester war all die Jahre über dageblieben, leer, neben ihrem), hatte sie ebenfalls oft einen Gickerl gehört, vom Edlinger herauf. Sie wischte frischen Schweiß in ihr Leibchen, nahm die Thermosflasche, die der Gefährte ihr jetzt herübergab. Sein Brustkorb ging ganz regelmäßig auseinander, die Halsschlagader stand fest und deutlich unter der schweißfeuchten Haut. Am Nachmittag, gegen den Abend zu,

würde es rasch kühler werden. Da mußten sie dann aber auch bald schon unten bei der Forststraße sein, wo sie den Wagen geparkt hatten; einsteigen, Rückfahrt? Was sonst.

172. SCHALL, RAUCH

Die Vögel rissen im Tiefflug den Asphalt auf. Oder: Der Asphalt riß den tieffliegenden Vögeln die Bäuche auf. Würde der Herbst noch ein kleines Pistolenschießen bringen?
Seit Wochen Sprengarbeiten an der Ostflanke des Berges. In den Sprengpausen hörte man aus einem der Gärten einen Kultivator, der die harte Erde zu Mehl machte und dabei aufheulte.

173. ALTWEIBERSOMMER

Ein halbwarmer Messingtag. Vor dem Haus ein Kleinkraftwagen, dem man ein riesiges geöffnetes Maul mit silberfarbenen Zähnen auf die Kühlerhaube gemalt hat, und ein paar Meter weiter vorne der Schaukasten des Briefmarkenklubs, der hier die Sondermarken des laufenden Jahres ausstellt und im nahen Gasthof regelmäßig Tauschabende veranstaltet.
Lärm von oben. Schwer kämpfen die Rotorblätter des Hubschraubers gegen die besenhart herandrückende Luft, die Luft des schakalköpfigen Totengottes. Die fernen Bergketten in hellem Blau und Zartgrün, schimmernde Grautöne zwischendrin. Aber trotzdem: Schon wieder ist jemand abgestürzt.

174. ALARM

Spätabends schlich jemand mit einer Spitzhacke durch die Siedlung, schlug auf die an den Straßenrand gestellten überquellenden und auf Leerung wartenden Mülltonnen ein, daß das getroffene Aluminium dumpf über die abendnassen Wiesen brüllte. Das allein hätte schon gereicht. Aber für ein paar schroffe Sekunden schien es jeweils auch noch, als würde ein heimlicher Wille, der die aneinandergepreßten Momente beisammenhielt, endgültig in sich selbst zusammenfallen.

175. OHNE ÜBERSCHWANG

Nach dem Essen wischte sie der Dogge den Schädel mit der Serviette ab, trank noch einmal vom Fanta und rief die Kellnerin. Die aber kam nur bis auf knapp vier Schritte heran, weil sie den riesigen Hund fürchtete, der jetzt seinen Kopf geil auf den rechten Oberschenkel, ganz innen, ganz oben, gelegt hatte.

Nach dem Zahlen löste sie ihr Haar – mit einem einzigen Griff –, nahm die Handtasche, gab der Dogge die Leine und ging sehr langsam, nackte Füße in den schmalen weißen Schuhen, zur Tür, wo der Hund sich noch einmal umdrehte und die Flanken spielen ließ. Es war jetzt zehn nach eins, Astern standen im Beet vor dem Parkplatz. Eher mageres Licht für diese Tageszeit. In mittlerer Ferne wischten sich die Schatten grober Wälder ineinander, da war kein Platz für Wasserstoffsuperoxyd oder ähnliches Zeug.

Als sie den Wagen startete, schob ihre Dogge den langen Schädel auf die Sitzpolsterung und schloß die Augen.

176. BLICKSPANNE

Es gab einen Jungfichtenhang, an dem die Schnecken sich zum Sterben eingefunden haben mußten: Auf einigen wenigen Quadratmetern lagen bereits mehr als zwanzig leere Weinbergschneckenhäuser.

Weiter unten, in einer Schlucht, die sich einer der größeren Bäche knapp vor der Mündung in den Gebirgsfluß gegraben hatte, übten Soldaten. Sie hatten zwei Seile über das Gewässer gespannt und mußten sich an einem davon in Rückenlage

über den Abgrund hangeln, nur mit Bauchgurt und Sicherheitsleine mit dem Führungsseil verbunden. Eine bleiche und porös gewordene Lenorflasche steckte tief unten zwischen halbverfaultem Geäst und alten Blättern am Bachrand. Der Kapo, mit grünem Schifferl, hakte auf einer Liste die Namen der schnell genug über den Bach Gekrochenen ab: Die anderen mußten es noch einmal versuchen.
Weiter drüben, in der Nähe eines Rasthauses am Fluß, stand ein Jeep mit offener Tür, zwei Behelmte saßen auf den Vordersitzen und hörten Ö3-Musik, sprachen über Magengeschwüre. Um sie schnell und wirkungsvoll zu behandeln, müsse man mit einem Nagel hineinstechen, dann entstehe dort ein Zentrum der Widerstandskraft, und das reiche aus, um das Magengeschwür zu besiegen. Auf der Motorhaube eine leere Dose Inzersdorfer Leberbrotaufstrich neben einer Packung Soldatenmüesli.
An der Waldlichtung Heidegras und alte Betonträger, wie sie früher als Bewehrung der Masten für die Stromleitung gedient hatten. Sie standen, von vertrocknetem Moos und harten Flechten überzogen, wie Grabsteine auf dem freien Flecken.

177. EINE GEWISSE NEUGIER

Nur langsam begreift sie, während sie durch das Laub stapft, daß hier das Vieh, auch wenn die Tränke noch dasteht, offensichtlich bereits in den Ställen ist. Sie hat, das ist bekannt, ein lebhaftes Interesse für Tiere, obwohl ihr Herz letztlich für die Jugend, die Menschen schlägt. Die stillen Tage, wie sie heimlich noch glänzen! Sie mag die Geräusche aus dem Wald, selbst wenn sie sie sich bisweilen fast einbilden muß, damit sie wirklich bis zu ihr herüber dringen.
Zwei Traktoren mit Zuckerrüben auf den Anhängern kommen ihr entgegen. Dann ein Mann mit zwei ungleich langen Armen, der seinen Hund durch die Landschaft führt und sie freundlich grüßt. Hoch oben in den Lüften mögen Stürme toben, hier unten jedenfalls merkt man nichts davon. Auf dem

Balkon einer verluderten Pension stehen Kinder und hauen Papierschnitzel in die Luft, geben es wieder auf. Eine Bande Spatzen juxt vorbei.

178. SEIDENKRAUT

Zornig rollen sich die Blätter ein. Scheckige, bisher so standhafte Blätter! Ein Schwein schläft hinter dem Holzkobel, den man von der Terrasse aus sieht. In einer Ritze zwischen zwei Bohlen hocken die Mehlkäfer. Und im Sauweiher drüben sollen die Hechte und Zander so groß sein, daß sie sich hin und wieder sogar eine junge Ente schnappen und nach unten ziehen. Aber fangen lassen sie sich so gut wie nie, wenn sie einmal eine gewisse Größe erreicht haben, weil sie dann bereits so schlau sind, daß sie sich, auch wenn sie gebissen haben, sogar noch aus dem Wasser schnellen und auf die Schnur fallen lassen, damit der Haken wieder rausgeht. Da muß man schon zaubern können oder die Angel, wie der alte Verwalter scherzt, mit Kreuzotternfett einreiben, um einen Einmeterzwanzig-Hecht herauszuziehen!

179. AM FALSCHEN ORT

Für das Schräge kein Platz. Aber ein Fußsohlenmassageapparat steht vor dem Eingang zum Brauhof. Daneben Kastanien, nackte Beete.
Sterbliche Schleicher huschen herum; ihre Augen allein schon! Wie lebt es sich inmitten all der Tricks und der Tonnen von vervielfältigter guter Laune?
Eine leise Strömung weht durch das zittrige Vorfeld. Wo, bitte, ist das berühmte, wenn auch nie zitierte, aber irgendwo vielleicht trotzdem tatsächlich in der Stille vor sich hinbrütende und von Hundekot zur Gänze zugeschissene verlorene Zehngroschenstück? Nur keine Unruhe. Schon gar nicht an einem Tag, der sich krümmt wie vertrocknete Obstschnitten;

Fliegen sitzen bereits an den kaum noch duftenden Zellulose-
rändern, vergessen ist die wilde Wut von gestern.

180. LANGE NACH BÜROSCHLUSS

Kurz vor halb sieben spielte sie mit ihrem Wohnungsnachbarn
in einem ausgebauten Gemeinschaftsraum im Keller Tisch-
tennis. Ein als Fantomas Verkleideter kam zur Tür herein,
schlug ihr blitzschnell den Tischtennisschläger aus der Hand.
Er flüsterte ihr etwas zu und verschwand wieder.
Sie richtete jetzt ein wenig Katzenfutter her, beobachtete dann
zwei junge Finken. Die Tortellini hatte sie bereits ins Salzwas-
ser geschüttet, das Sprudeln war deutlich zu hören. Auf dem
Tisch ein Berg von Fotos, auf einigen klebten feine Fäden.
Das Fenster, aus dem sie danach sah, war ein eher robustes
Fenster. Vom Gehsteig vor dem Hauseingang wurde Staub
auf die Straße gekehrt. An der Kreuzung stand ein Mann und
wischte mit einem Taschentuch die Vorrangtafel sauber. In
tausend Küchen tickten jetzt die Tempouhren.

181. SANFTE RINGE

Die beiden stiegen also im ausgetrockneten Bachbett höher.
Keine Musik in der Luft, nur zwei riesenhafte Wolkentürme
hoch droben, zwischen denen es eine Verbindung gab, eine
Art Gletscherpaß, von niemandem betreten.
Am Rand des Bachbetts altes, hartes Gras. Auf einer Fels-
platte: Hier konnten sie rasten. Sie legte ihre Schulter zwi-
schen seine Beine, die Wange heiß. Bemalte Fingernägel, ein
Lächeln, dann das andere.
Später küßte er sie, während sie pißte. Im Wald johlte ein
Federtier.

182. SAMSTAG

Als am Vormittag der Hund endlich stirbt, gibt es ein kurzes gemeinschaftliches Schluchzen. Nach einer kleinen Mahlzeit wird die Grube ausgehoben, und schon am frühen Nachmittag stehen alle sprachlos um das frische Hundsgrab.
Nachts wettern Sterne durch das All, ein schnelles Auffluschen und vorbei. Die Umgebung: Ölfetzen, Tau drauf, leichter Südwind. Von Zeit zu Zeit Bewegung in den nachtdunklen Vogelscheuchen und im Haselnußgestänge, das ein christliches Kreuz darstellen soll. Im Haus brennt noch Licht, heiße Asche im Ofen. Geheizt wird mit getrockneten Kröten.

183. BILDER, DIE FALLEN

Die Blätter krachen, zeigen ihre Zungen und sind sehr groß da. Nun paßt endlich alles wieder in den Kram, wenn auch nur für einige Zeit wahrscheinlich. Sturmtage kommen, zuletzt Nebel mit Rauch, alte Wäsche im Regen. Auch schlichte Stunden, Ausgeglichenheit. Dann und wann eine sternige Nacht. Ob sich alles noch einmal zurückgewinnen ließe?
Manchmal sieht es so aus, als würden die einzeln aneinandergereihten Tage dieses Lebens sie auseinanderbrechen. Zitternde Blumen, die spät dran sind, abends immer wieder die Bremsgeräusche von unten. Im Fernsehen werden Herzen gekämmt, jedes zweite Wort soll Liebe, also Zuneigung mit einschließen – ist wirklich kein Platz für das knurrende Stolpern?
Am frühen Morgen überqueren Mütter halbdunkle Fahrbahnen, Schulbusse tauchen auf; wie steil die verdeckten Geschichten in ihren Halterungen hängen! Kaum noch ein Leben, das – wenn sie die Umstände genauer bedenkt – in ihrem eigenen wirklich Platz finden könnte.
Sie kauft eine Zeitschrift, in der jemand die Vorteile des Alleinlebens beschreibt, wärmt daheim zu frischer Musik den Rest eines Essens auf und schaut nach der Mahlzeit lange in die Nacht hinaus, steht sogar auf, tritt dann ganz nahe an die

Scheiben und leckt über das kalte, glatte Glas. Vielleicht stimmt es wirklich, daß man jedes Geheimnis von mindestens drei Seiten her betrachten kann, ohne daß das auch nur das geringste mit den Himmelsrichtungen zu tun hat.

184. ES LÄUFT

In den Bäumen hängen Lautsprecher, und nun werden die Vögel mit Musik von Public Image und XTC angedonnert, bis sie endlich das Feld räumen und in den Süden abziehen, damit ein neuer Winter beginnen kann. Ein Büscherl getrocknetes Heidekraut wird durch die Straßen getragen, unauffällig. In einem Mercedes schmust ein fettes Paar, Miniatur-Boxhandschuhe baumeln vom Rückspiegel.
Soll man im Morgengrauen im Batman-Kostüm um den Versicherungsbau herumschleichen und eine Handvoll Reis nach dem ersten Menschen werfen, dem man begegnet?
Ein Blumentopf, groß, aus rotbraun gebranntem Ton steht auf einer der Stufen. Und das verlernt man nie: diesen kurzen schnellen Tritt, mit dem man solch einen Topf in die Luft hinaus säbelt und zusieht, wie er langsam nach unten dreht und in Splitter geht. Und tatsächlich beginnen so manchmal auch seltsame Geschichten, in denen ganze Tümpel aus Informationen und Zusammenhängen zurückgehalten werden, aber das macht nichts, denn es geht auch hier um den ersten Schlag, der schön sein muß, obwohl er genau trifft.
Jedenfalls: Ein mit Wellendispersion gespritzter Verbindungsgang ist zu sehen und an dessen Ende grelle Lichtbrücken vor einem Hintergrund aus harter, schwarzer Natur. Und wenn man dem Pfad weiter folgt, der dann früher oder später nichts als ein simpler Gehsteig ist, auf dem ein Knochen liegt, beschmiert, mit winzigen vertrockneten Blutbändern im Dreck, der auf der Beinhaut klebt, so kann man vielleicht, weil es mittlerweile Abend geworden ist, gerade zurechtkommen, um mitzuerleben, wie ein harmlos Berauschter aus tiefster Seele Sport, Sport! über die auf Orange geschaltete Nachtkreuzung brüllt.

185. BLINDER FLECK

Vormittags, Mitte der Woche: Der Kirchenmann läßt die Kinder auf den Parkettboden kauern; dann müssen sie sich nach vorn beugen, damit er ihnen über die jungen Rücken streichen kann. So geht die Buße, nieder! Er wird immer rot, wenn er das tut – und tut es oft und sicher keinesfalls ungern.

Achtzehn Tonnen Abfall produziert die kleine Gemeinde, in der er die Seelen versorgt, allein im Verlauf eines einzigen Kirchenjahrs.

Die Hühner hinter dem Pfarrhof sind noch jung und werden immer wieder von vorbeilaufenden Hunden verbellt.

Donnerstag, am Abend: Ein Taxi hält kurz vor dem Pfarrhof, fährt dann doch wieder weiter, ohne daß jemand ausgestiegen ist. Oben im Eckzimmer läuft ein Gruselfilm. Zwölf Schlüssel hängen am großen Bund neben der Tür. Der Regen rauscht.

Wenn jede Welt bloß wieder nur zerrinnt, warum dann nicht endlich fester und entschieden zupacken, den Gott in die Rituale hineinzwingen? Oder ist alles eine Art Nervenverfassung, ein beständiges Vibrieren, gegen das man mit Härte, Ernst und festem Gebaren nicht angehen kann?

Der Mann, um dessen Seelenmühle es hier geht, möchte liebend gern ungenannt bleiben. Aber das möchten viele.

186. PARKRÄTSEL

Zitternde Fichten im Krankenhausvorpark. Aus einem Fenster eine leise Geige, sie sang beinahe, ein Tonband wahrscheinlich. Trockene Gräser, des Teufels Klopapier drin. Der Türöffner summte, eine Rot-Kreuz-Schwester rannte über den Gehsteig. Weiter vorne brachte ein fetter Onkel Obst.

Gab es noch wirkliche Bewegung, eine, die nicht von der anderen Seite her schon wieder zu bröckeln begann? Von den aneinandergereihten schwarzen Plastikmüllsäcken am Rand

des Lieferantenparkplatzes war einer umgefallen und aufgerissen: Dosen, Cellophanhüllen, Trinkbecher und zerknüllte Alufolien lagen auf dem Gehsteig, ruckten, wenn ein Windstoß sie rührte.
Und vor einem der Fenster des Verwaltungstrakts stand eine Frau, horchte. Sie stand nur da, starkbusig, bereit.

187. BLUTSTEIN

Und so geschah es auch. An das Haus angeschlossen war ein windschiefer Kuhstall, und nicht nur die Regensaison verstärkte diesen verwackelten Eindruck. Apfelschalentee, freche Krähen. Vor dem Haus eine Art Knochensammlung, unvollständig.
Was also war der eigentliche Plan gewesen, ursprünglich?
Im Gang standen noch die feinen Juchtenstiefel, ein Hut mit einer Birkhahnfeder hing am Haken. Von der wilden Margret aber hat man nicht mehr viel gehört. Verzogen wahrscheinlich. Die einen kommen, die anderen gehen, das Leben aber macht sein Spiel, teilt aus, räumt ab und mischt von neuem. Auch in stockdunkler Nacht, wenn nur die unruhigen Herzen strahlen. Strahlen eh nicht.

188. FORMWELLE

Der Sohn mag nicht diesen überbackenen Fleischstrudel in Blätterteig. Aber er ißt ihn trotzdem, weil er ein tapferer Krieger ist. Seine Mutter ist scharf auffrisiert, und auch der Herr Vater ist das durch und durch zeitgemäße Exemplar, wie es sich heute überall verlangt zu sein glaubt. Er legt die Illustrierte weg.
Und was steht drin?
Im Abschnitt »Mode« heißt es, daß krause, üppige Lockenköpfe mit Hilfe von Schleifen, Bändern, Schmetterlingszwickern und Zierkämmen auch als Schulfrisuren raffiniert in

Form gehalten werden könnten und das modische Kind beim Schreiben und Lesen überhaupt nicht störten.

Und das Wochenhoroskop für die Mutter besagt, daß sie ihren Ehrgeiz etwas eindämmen solle, um sich nicht allzu große Bürden aufzuladen. Lieber möge sie erst einmal versuchen, Übersicht zu gewinnen, danach würden einige Probleme sich von selber lösen.

Da mag, wie an allem, was dran sein.

189. REGENZEIT

Jemand sucht Zigaretten und findet einen Schlüssel, der dann nirgendwo sperrt. Und dennoch paßt alles auf eine seltsame Art zusammen. Nicht hier, nicht jetzt, aber anderswo. Einen Stock tiefer schlägt einer einem braunen Hühnerei die Kappe ab und legt dabei den Kopf ein wenig zur Seite. Er bittet dann um eine Zigarette und bekommt sie. Der Regen schiebt das Küchenfenster zu, an der Tür baumelt ein Schlüsselbund. Schöne Kalenderlandschaften über der Abwasch, mit Prachtwetter, genau in Nasenhöhe.

Auch hier verfliegt die Zeit, sind Klumpen in der Dillsoße, fallen jeden Abend tote Fliegen aus dem Lampenschirm. Und der Rundfunk schickt mittags Sägespäne, während schmale Vögel sich durch die Windschluchten tragen lassen, bevor sie wie gefaltete Schirme hinter den Hügeln hinunterstürzen.

Mit dem Trinken kommt der Appetit, sagt der Hobbymaler, als er Stunden später wieder die Tür ins Schloß haut. Er setzt sich, wartet. Eintausendzweihundertachtundvierzig Meter über dem Meeresspiegel. Er dreht langsam und fragend die Augen zum Ofen, wo Frau Wabe den Leberkäs prasseln läßt.

Weiter unten, im Tal: wird etwas eingeweiht. Ein Männerchor singt, die Wangen glühen. All das zugleich und nichts wirklich und ganz. Ein Tag. Und dumpfe Wolken stampfen den Himmel entlang, hier wie dort.

190. GEWEITETE PUPILLEN

Die Volkstanzgruppe kehrte als kleine Reisegesellschaft zurück, ein wenig blasser, aber alpenfroh. »Stierberg Ost« stand auf dem Schild, an dem der fröhliche Bus nun vorbeikrachte. Nur mehr wenige Kilometer! Zurück in der Mittelgebirgsheimat! Feuchtes Licht an den Hängen. Und vielleicht schon morgen wieder frisches Wild oder eine Scheibe satten Schweins. Das war schon etwas anderes!
Aber trotzdem: Daß auf den ausländischen Hoteltoiletten jeweils wieder ein anderes Tonband mit sanfter Unterhaltungsmusik gelaufen war als auf den mit Teppichböden ausgelegten Gängen, war natürlich auch nicht zu verachten.
Ein Krähenschatten über der Wiese, sehr schnell.

191. SACHEN, URSACHEN

Sie trugen ihr ein gutes Drittel des Hausrats vor die Tür, schichteten alles im feuchten Gras auf. Als sie heimkam, lag eine eingeschaltete Taschenlampe auf einem Stoß Porzellan, schwaches Licht floß über die Formen. Beide Gesichtshälften blähten sich leicht auf, so überrascht war sie jetzt.
Drinnen, am Tisch, unangetastet, die Blumen vom Vormittag.
Das Melancholische in der Anordnung des Verbliebenen! Der Hund mit den schlaffen Ohren und den kranken Flecken im Fell: Der Gute schlief jetzt! Auf der Stiege! Im Dunkel verirrte sich kurz ihre weibliche Sicherheit, sie fluchte, das Unerwartete fing zu wuchern an. Wäre doch sie jetzt der Hund gewesen! Sie hätte alles niedergebissen, die Idioten, ihr Gekicher, den Lärm vom Autodrom rüber!
Der Hund erwachte, schüttelte sich. Er riß das Maul auf. Der extraleise Geschirrspüler, ein ehemaliger Wunschtraum, ragte in die stille Küche hinein, in der der Hund jetzt gähnte.

192. METHODE

Im Jahr des Schweins hatte sie den Entschluß gefaßt, eine Familie zu gründen. Größerer Flächenbedarf führte dazu, daß die bald tatsächlich entstehende Familie schon nach kurzer Zeit an den Stadtrand übersiedelte, wo die Wohnungen geräumiger und billiger waren. Bald lebten zwei Töchter und ein schwerfälliger Sohn mit ihr und dem Vater der Kinder in einem Stockhaus mit sieben Zimmern. Blumen gab es so viele, daß fast jeden Tag an irgendeinem Gewächs ein neues Blatt oder eine zarte Blüte zu entdecken war.
Anstrengende Monate, Jahre gingen vorbei. Der Vater erzählte den Töchtern von seiner Kindheit, von der schlimmen Zeit in einem Heim, in dem ihn ein geistlicher Erzieher einmal gezwungen hatte, das in den Teller erbrochene Essen ein zweitesmal hinunterzuwürgen. Warum erzählte er das?
Wenn sie mitten in diese Runde hineinplatzte und den Mann den Kindern aus seinem Leben erzählen hörte, packte sie nicht selten eine alte, müde Wut, und wenn sie dann auch schnell wieder den Raum verließ, hatte sie nur noch die Kraft, wenigstens die Tür hinter sich so zuzupfeffern, daß zumindest die Töchter verwundert aufblickten.

193. EIN GRUND MEHR

Ein Birkenblatt am Fliegentisch!
Er nahm etwas vom ehemaligen Leben in die Hand, es war nicht übel. Die Kinder umkreisten den Baum, bliesen in die Mundharmonikas, lachten wie hysterisch, aber immer gleichzeitig. Was alles mußte durch den Flaschenhals hindurch, dessen Enge nun überall zu spüren war?
Die Fenster strahlten, in einiger Entfernung bellten Hunde. Drüben im Wald sammelte sich das Gestauchte, jagte zum Hügelkamm empor. War alles wieder dasselbe, eine Spiegelung innerer Zustände und umgekehrt?
Es kam kein Echo aus dem Königreich, das sich von einer

Sekunde zur anderen aufbäumte, und von allen Gewichten, die nun gleichzeitig an der Gegenwart zerrten, schienen die entferntesten die größte Kraft zu haben.

194. ENERGIE

Ja, sie hatte angefangen, regelmäßig zu stehlen. Nicht daß sie etwas gebraucht hätte von dem, was sie mitgehen ließ, vielleicht brauchte sie überhaupt nichts und wollte eigentlich eher etwas hergeben, wußte bloß nicht, wie sie das anstellen sollte...
Einmal stahl sie eine geschmacklose vergoldete Kette, wie sie Frauen manchmal am Knöchel tragen, sie nahm sie und behielt sie in der trockenen Hand, ohne sich zu anderen Bewegungen als sonst zu zwingen, ja, sie zwang sich zu gar nichts, ging bloß langsam raus aus dem Geschäft und schlug dann eine Richtung ein, die sie ins nächste Kaufhaus bringen mußte. Vorher aber, weil sie plötzlich hungrig war, setzte sie sich in eine Imbißstube, aß Fischsalat und Weißbrot. Sie stahl dann natürlich nichts mehr an diesem Tag, aber auf der Rückfahrt, im Wagen, furzte sie und sang ein paar Lieder, eins das andere anspornend. Jetzt endlich hatte sie eine Vergangenheit, die sich an die vorhergegangene nicht nahtlos anschloß.
Nie aber träumte sie von ihren Diebstählen.
Daheim dann bäumte sie sich auf, zerriß mit den Augen die stille Wohnung. Das goldene Kettchen! Weich legten sich die Dinge in den Raum, der zu ihnen gehörte, und sie machte sich an ihre Verrichtungen, zu denen es nichts zu sagen gibt.
Wenn Tage Gebirge wären!
Sie ging, schien ihr, auf eine große Ruhe zu, von der sie noch viel zu wenig wußte. Wie oft hatte sie früher mitten auf dem Gehsteig in sich zusammenfallen wollen, zum Abfall schrumpfen und als Staub über die Straßendecke wehen! Hatte auch das etwas zu tun mit den Zwängen, die sie selbst sich geschaffen hatte?

Manchmal aber schienen in letzter Zeit die Verrückungen sie wieder einfangen zu wollen. Dünnes Eis, über das sie davonstürzte, und unter und hinter ihr krachte es, der allgemeine Schwung ließ bereits nach.

195. FURCHTLOS

Im Haus sitzen alle beim Abendessen, um ihre Waden winden sich Schatten. Und alle Uhren schlagen. Im Freien sind Felsen, Föhren, von unten hört man die Autos. Auf der Veranda ein Teller mit aufgeweichten Keksen. Das Riedgras bewegt sich. Tau auf den Astern.
Es leben Leib und Seele nicht am gleichen Ort?
Ein Rudel Krähen kreist über dem Garten.
Und drinnen dampft die Abendsuppe.

196. FLIEGENDE WÜRMER

Die neue Mutter hat so kleine Waukerl am Kleid, zu oft oder zu wild und verbissen gewaschen wahrscheinlich. Im Vorzimmer ein Farbfoto von Maharadscha, dem Hengst, der jetzt verkauft ist und auf einer Weide in Palfau steht. Sein Besitzer lebt nur im Urlaub bei ihm und verdient sich das viele Geld als Charakterdarsteller, er trägt als Frisur graue Borsten und ist außerdem Hobbykoch, was immer das sein mag.
Die Dachbalken wandern. Unmerklich zwar noch, aber es entstehen bereits diese ganz feinen Zwischenräume, Verschiebungen, deren Ausmaße in steiler Schrift mit Zimmermannsstift ins Holz geschrieben werden.
Das kranke Kalb wird auf den Transporter geführt, man drischt ihm aufs Maul, es reagiert nicht. Was freilich auch wieder eine Art zu reagieren ist – man denke nur an die Sache mit der Handkasse, an die gestohlene Sense, an den von Birxi verlorenen Zulassungsschein. Einem Kalb auf die Schliche zu kommen ist wahrscheinlich ähnlich schwierig, wie die Launen

von Maharadscha, dem Hengst, durchschauen zu lernen. In der Wiese zwei Buben, die den Schulterwurf lernen wollen, einander wie Katzen umkreisen. Ein Spaziergänger beobachtet sie eine Zeitlang, nimmt dann wieder seine Wanderung auf, im Alpenmantel, ohne Stock, aber mit Hut.
So mysteriös, so kalt: ein gewöhnlicher Tag.
Und schon morgen vielleicht bricht der nächste frische Morgen aus dem Unterholz, mit heiteren Wolken, friedlichen Maschinen überall im Tal, mit nassem Kalbfleisch auf dem rotzfarbenen Schrank unter dem hofseitigen Balkon und mit einer Hoffnung auf noch viel mehr.

197. ZUGZWANG

Nachmittags krachte sie im Kleinwagen die lange Gerade am Bahndamm entlang, auf gleicher Höhe mit einem Güterzug, vorne zwei rote E-Loks, die in die violetten Wolken am Himmelsrand hineinpreschen zu wollen schienen, und sie verstand das, sie wollte das auch einmal.
Am Arbeitsplatz ging es zur Zeit ein wenig hektisch zu, nur: Würde die Hektik auch irgend etwas weiterbringen? Konnten nicht fast alle Angelegenheiten mit etwas mehr Ruhe und Überlegung um einiges besser abgewickelt werden? Es galt – wie in jedem Zusammenleben – zum Teil recht unterschiedliche Interessen auf einen gemeinsamen Nenner zu bringen, obwohl es ohnehin nicht möglich war, es wirklich immer allen rechtzumachen. Sie jedenfalls wollte sich jetzt nicht länger um solche Dinge kümmern, sondern ging mit ihrer Freundin ins Kino. Es war ein Liebesfilm, kein Blut, aber ein langsamer Tod war zu sehen. Der Hauptdarsteller, der schließlich alles zu überleben hatte, wurde einmal sogar als Unschuldslamm bezeichnet. Ihr gefiel das.

198. HART AM ABGRUND

Jetzt steht die Familie, komplett, unter den Bäumen. Foto.
Dann dreht sich der Vater schwungvoll um, zeigt seinen neuen Mantel. Wie fett er geworden ist in den letzten Jahren! Ist es schlimm, so geradeaus schauen zu müssen? Hat er Spuren von Nebel im Bart?
Die Töchter sehen ein wenig japanisch aus in der Art, wie sie dastehen, die Arme an die Seite legen, als hielten sie die unsichtbare Hüftgitarre. Ihre schönen Augenbrauen!
Die flinke Mutter steht in der Mitte, bringt einen letzten Witz unter, niemand weiß, was sie wirklich denkt. Sie spielt den Regenbogen, steht als Regenbogen unter den Bäumen.
Von Sekunde zu Sekunde wird der Hintergrund dunkler: die Erddrehung.

199. AUF GUT GLÜCK

Wie alles angefangen hatte?
Sie war einmal dageblieben, dann wieder vorbeigekommen, mehrmals, fast regelmäßig, hatte öfters schon Sachen hiergelassen: Waschzeug, Kleider, Bücher.
Nach einem Vierteljahr ließ sie auch ihre Waschmaschine hertransportieren und wohnte von da an auf Dauer hier, einstweilen zumindest.
In einem Buch las sie folgendes: Als Ken mit der Axt gegen die Bordwand schlug, schnellten die Robben alle gleichzeitig ins Wasser und tauchten eilig weg. Wie weit sie schon in die andere Richtung gekommen waren!
Kein Schiff in Sicht!
Kam das, was nun am meisten quälte, aus den Gedanken?
Sie ging in die Küche, mischte Mineralwasser mit Apfelsaft und sah dann beim Fenster hinaus. Berufsrückflutverkehr. Die Autos fuhren mit Nebelleuchten, aber nicht langsamer als sonst.
Im Buch war das Leben anders: Man lag in der vereisten

Bucht, das Schiff ein Landeplatz für Möwen. Nach vier Tagen schnitt man den Hauptmast in Stücke, machte Brennholz draus. Die Glut in den Augen, während die Hände immer wieder in die Kälte hineinmußten! Einmal wollte der Kapitän eine Art Ansprache halten, er ließ es dann aber bleiben. Die Nächte: durchzogen von Speeren aus krachendem Eis; und zielten sie nicht alle ins Gehirn?
Sie legte das Buch weg und wartete auf Leo. Als sie zwischendurch einmal den Fernsehapparat einschaltete, sah sie kurz den Dalai Lama, der sehr heiter schien und lächelnd eine kleine Botschaft von sich gab.
Leo kam nach sieben, müde, ohne Neuigkeiten.

200. DREIKÄSEHOCH

Die jüngste Tochter, weil sie die Fabel vom Fuchs und dem Raben gelesen hat, dem das Käsestück aus dem Mund fällt, kommt in die Küche und will ebenfalls Käse, kräftig gelben.
Sie sucht, reißt den Kühlschrank auf, findet nichts.
Sie legt sich über einen Sessel und heult.
Später spielt sie wieder, mit dem Kanonenboot.
Der Onkel ruft an, fragt seine Schwester, ob er kommen soll, um in der Garage die Winterreifen zu montieren.
Auf dem Regal steht das Lavendelhexerl und duftet.

201. NACHTLUFT

Wenige Minuten vor neun Uhr, abends. Dichter Bodennebel im ganzen Gemeindegebiet. Wer jetzt kein Auto hatte, kaufte sich keines mehr. Man konnte freilich auch zu Fuß nach Hause kommen, durch Nässe, Nebel, Kälte, das war noch lange keine Schande. War es eine Schande, zu einer Hochzeit gegangen zu sein, während anderswo jemand gestorben war, den man einmal gekannt hatte, ganz gut sogar?
Dieses kraftlose Grau. Der Nebel legte sich in die Ärmel, auf

Wimpern und Schuhe. Eins, zwei, drei: Gab es also mehr angenehme oder mehr eher unangenehme Erinnerungen? Meist schleppte sich alles nur dahin, kam kaum voran, wiederholte sich und bildete kein zusammenhängendes Ganzes. Kurze Arbeitswege, betriebsnahe Erholungsflächen, Arbeit bis zum Tod. Dazwischen natürlich Billard und Kino, Flugzeugentführungen und Flitterwochen. Oder Literatur, Buddhismus, die wiedergefundene Zeit.
Die Autos unterdessen machten Tempo, schossen dahin und sorgten für Geräusche, spritzten einen an, wenn man nicht großzügig genug auswich. Prachtvoll aber bog sich links und rechts das dürre Gras und richtete sich wieder auf. Auch im Nebel.

202. SCHREIENDER BEWEIS

Sie brüllte, immer noch im Mantel, ihre Fische an, die in einiger Entfernung hinter Glas standen. Die Fische aber hatten kein Auge für den neuen Mantel, sie öffneten bloß ohne Eile die Münder und schienen Wasser ins Wasser zu pumpen, sinnlos und unverdrossen.
Wie viele Jahre hatten vorbeigehen müssen, damit sie diese mit scharfem Auge als das erkannte, was sie waren: sumpfige, blubbernde Schichten, in deren Verlauf man ihr alles ausgeredet hatte, und in der Erinnerung verklebte sich das, faulte vor sich hin und erzeugte dieses feine brackige Aroma, aus dem so schwer herauszukommen war. Hatte also wirklich jeder in seinem Herzen den berühmten Buchhalter, die Uhr und ein kleines Paket Scheiße, wie sie einmal gelesen hatte?
Unablässig verzahnten sich die Sekunden dieses Tages mit ihrem bisherigen Leben, und nichts und niemand konnte hier etwas auseinanderreißen.

203. WIE HOCH IST DIE MAUER

Es beginnt wieder auf einem Bergsteigerfriedhof. Nasse Schürzenbänder, Gold in den Zähnen einer Frau, die an ihren Arbeitstagen in einem abgelegenen Country Honkerl serviert. Sie ist die Tochter eines ehemaligen Autobuschauffeurs, der die letzten Jahre seines Lebens von einer Kur zur anderen fuhr, wenn er nicht gerade bei einem Kameradschaftsbundtreffen war. Seine Tochter, früh verlobt, dann verheiratet, und nun, nach achtzehn Jahren, endlich geschieden, zieht es wieder in die Berge, in denen sie schon als junges Mädchen bisweilen ihre Freude gefunden hat. Die letzten Monate vor der Scheidung war sie bei einer Servierkollegin untergekommen, hatte dort auf einer Campingliege geschlafen, weil sie den Mann nicht mehr ertragen konnte, der Nacht für Nacht besoffen und in seinem schmierigen Fickmantel bei der Tür hereinholperte und sie aus dem Schlaf holte.
Abwechslung jedenfalls gab es in ihrem Leben bisher genug.
Und natürlich liegt auch so mancher Schatten auf ihrem Herzen, irritierend, bedrückend, als gäbe es kein süßes Morgen mehr – aber es gibt eins, es gibt eins!

204. WÄRME, BEWEGUNG

Sie haben zwar nicht gerade einen Ochs im Stall, aber seit ein paar Monaten gibt es allen Ernstes einen Esel, der tagsüber in der kleinen Koppel hinter dem Gastgarten steht und meist ein wenig verloren vor sich hin blickt. Des Braumeisters Schwester, die vor gut zehn Jahren noch von Cowboyhosen geträumt hat, regiert hier jetzt als Ehefrau des Holzhändlers und Gastwirts, der Esel ist bloß eine Spielerei und Draufgabe für die Kinder der Gasthausbesucher.
Seehundschuhe stehen im Vorhaus, direkt unter dem Schaltkasten, auf dem immer noch das Stadelfest-Plakat klebt, grell. Ständig offen: die Tür zur Küche hinein. Die Bergsteigersuppe

dampft im großen Häfen, gekocht von Johanna, der heiligen Johanna der Gasthöfe. Zwischendurch schlurft die Unverfrorenheit durchs Vorhaus, spuckt durch die offene Tür auf den Rasen hinaus; auf den Gartentischen stehen noch die umgedrehten Sessel, alles ist bereit und unversehrt. Legt hier einer einen Brand, ist sicher schon in zehn Minuten die Feuerwehr da und löscht, daß die Fetzen fliegen.

205. AFTERGLOW

Moorlandschaft, Abendlicht. Ein Zug fährt durch, wird fotografiert, Wochen später als noch nicht entwickelter Film im Fotoladen von dessen Inhaber entgegengenommen und in der Dose in eine feste Papierhülle geschoben. Ein warmes Rot kommt bei der Tür rein. Es kommt von draußen.

206. DIE ERDE BEBT

Es ist die andere. Niemand konnte erwarten, daß sie so kämpfen würde. Auf einem Betriebsfest steht sie dann auf einmal vor dem Eingang zur provisorischen Bar plötzlich wieder vor ihm, der freudige Schrecken und die Überraschung, die ihr ins Blut gehen, sind kaum verborgen und teilen sich auch ihm sofort mit. Schnelles Aneinander-Vorbeihuschen. Die Herzen wie brennende Schweine. Eine Wehmut, die ihn fast erschlägt und sie auch.
Noch in derselben Nacht zündet sie mit ihrem Feuerzeug das Telefon an, für ihn. Es stinkt aber nur und wirft Blasen, die schwarz werden. Um von ihm zu träumen, zieht sie dann ihr Nachthemd umgewendet an, einem japanischen Volksspruch folgend. Ob das hilft?

207. MÜDE JETZT

Die neuen Blätter, die der Blumenstock neben dem Küchentisch in den letzten Wochen bekommen hatte, sprachen zu ihr, aber sie ging nicht drauf ein, wandte nur kurz den Kopf in die Richtung, bevor sie den Kühlschrank öffnete.
Sie stellte die Kräutersalzdose auf den Tisch, auf dem die mitgebrachte Post lag: eine Ansichtskarte mit einer Fotografie eines Weihers, darunter ein Werbeprospekt für eine Heimwerkerausrüstung. Feine Spuren von süßem Schweiß, vermischt mit künstlichen Duftstoffen, standen über dem Tisch.
Sie rieb ihre Stirn mit dem Handrücken. Sie setzte sich, blickte vor sich hin. Nach ein zwei Minuten, die lang wie ein Tier waren, schaltete sie den Fernsehapparat ein. Es gab einen dunklen Film, in dessen Landschaften man schon die Schneeluft zu riechen vermeinte.

208. SCHNELLERE SCHRITTE

Sie leben hier zusammen, seit ihre Mutter sie verlassen hat. Die Ältere gibt immer noch den Ton an, trägt in der kühleren Jahreszeit gern einen Fellhut, an dessen Rückseite zwei Pfoten des Tieres, von dem das Fell stammt, aufgenäht sind. Alles an ihr ist älter als bei ihrer Schwester, auch die Augen: Sie haben mehr gesehen.
Zweimal jährlich bekommt sie Depressionen, da ißt sie dann nichts und mag auch nichts mehr hören und sehen, aber das geht gar nicht so einfach. Lange hält sie es deshalb nie aus.
Vor mehr als einem Jahrzehnt fuhren sie zusammen auf Kur, eine hielt die andere an, im Kurort nicht bloß zu schlafen und im Zimmer zu bleiben, sondern auch auszugehen, Spaß zu haben, es dem Leben noch einmal zu zeigen. Beim Abendessen besprachen sie, was sie tagsüber erlebt hatten, Krankengeschichten von anderen Kurgästen, Speisenfolgen.
Jetzt ist auch das Vergangenheit, aber nicht unwirklich deshalb.

209. ROUTINE

Im Kampfanzug durch die Wiesen und Auen.
Die Erdstrudel hart und voll Reif, ein Knistern im alten Gras bei jedem Schritt. Vor dem Umkehrplatz letzte Girlanden vom Jägerfest: helles Braun, zerwalktes Blattgrün. Seltsame Straßenschilder. Und hundert flüchtige Dunkelheiten, die mit dem ersten scharfen Blick verschwinden oder diesen selbst bloß verdunkeln, bevor ein neuer Funke zündet.
In einem Stück Hundekot steckt eine Hühnerfeder.

210. ADVENT

Im Krankenhaus gab es eine kleine Ausstellung mit Bildern eines jungen Malers aus diesem Landstrich. Die Bilder waren numeriert, zu jeder Nummer konnte auf einem Beiblatt der vom Maler ausgedachte Titel abgelesen werden. Ein weiteres Beiblatt teilte mit, daß man sich bei Interesse an einem eventuellen Kauf jederzeit in der Verwaltung melden könne.
Ein schönes Stück weiter im Süden gab es einen Glaskasten, in dem Zähne eines nacheiszeitlichen Tieres, Edelhirschgeweihstücke und Höhlenbärenkieferknochen ausgestellt waren. Der Glaskasten war zu beleuchten, der Schalter befand sich unmittelbar vor einer großen Felsplatte, der ganze Raum war eine hohe Felsenhöhle, die den Eingang zu einem ausgedehnten Höhlensystem bildete. Ockerfarbenes Wasser schoß aus dem Berg, es bildete Strudel und schnelle Wellen, die lehmig und trüb waren wie Abwässer. Neben dem Gasthaus vor der Höhle eine mit Aublechen beschlagene Tür zu einer Toilette für Höhlenbesucher. Niemand da.

211. HALB VORBEI

Und nur wenige Kilometer weiter nordöstlich steht eine blasse Autostopperin, zu Schwaden kondensierenden Atem vor dem Gesicht. Der Bus ist schon abgefahren, aber sie muß natürlich vor acht im Geschäft sein – Verkäuferin! Schafft sie es noch?
Die Masern hat sie schon vor vierzehn oder fünfzehn Jahren gehabt; jetzt aber ist ihr täglich, als mache das Leben vielleicht bald einen großen beherzten Schritt auf sie zu. Den halbleinenen Sack (mit Lederboden und Riemen), den sie über der rechten Schulter trägt, hat sie sich selbst gemacht.

212. DER REST DES TAGES

In einem Büchlein über die Erschaffung der Welt liest sie eine kleine Sage, in der der Mond die Sonne verprügelt. So ist es richtig! So etwas tut ihr jetzt gut.
Um halb elf nimmt sie noch zwei Tabletten, schreibt danach eine Serie von Adressen und läßt es dann bleiben. Auch reibt sie sich mit einem Papiertaschentuch über Nasenrücken und Backenknochen.
Später steht sie da und scheint mit einem langen Blick die Stelle zu suchen, an der der Himmel zerreißen könnte. Sie wischt ein paar Brösel aus der Lippenbartgegend, spielt ein wenig mit dem handlichen Kunst- und Spruchkalender vom Verlag für Mund- und Fußmalerei, Dornbirn. Sie beugt sich, dehnt sich, ist biegsam wie eine Schnapskarte.
Noch einmal sucht sie etwas, findet es nicht. Sie sucht trotzdem weiter, überall, und ihre Augen, unermüdlich und flink, arbeiten, lassen nichts unversucht, strengen sich an und sehen aus, als wären sie zu noch viel mehr bereit.

213. SCHLINGEN

Der Rechtsanwalt gibt zu: fast immer nur Schwein und dergleichen gehabt. Jetzt sitzt er allabendlich in der Sportlerbar, reibt in Abständen die Beine aneinander. Der Sohn will studieren, macht derzeit den Tanzkurs, aber er braucht nur zwei oder drei zusammenhängende Sätze zu sagen, und schon schaut der Trottel auch aus ihm hervor.
Zweiundzwanzig Uhr: Leicht wankend stolziert der Herr Anwalt heim. Aus dem Gehen heraus spuckt er in die Luft, trifft einen Zaunpfahl. Die Kellnerin aber hat sich wieder nicht von ihm betatschen lassen, hat nur »Gehen Sie!« gesagt.
Das Leben: Es baut Türme und Höhlen, es bringt die verschiedensten Formen hervor. Auch Sorgen, Müdigkeit, Langeweile, fette Schenkel, Trübnis im Auge, den Schmerz.

214. WIRD ER WEGZIEHEN, WIRD ER NICHT WEGZIEHEN?

Das letzte Stück des Kamins war in vierzig Zentimeter Höhe über dem Dach so weit abgebröckelt, daß neu darübergemauert werden mußte. Da zuwenig Mauerbinder dabeigewesen war, brach die frische Schicht schon im Spätherbst wieder auf, die Stürme vom See her gaben den Rest. Es wurde ein dünnes Gitternetz, wie es auch vor den Hasenställen ist, um den ganzen Kamin gewickelt, sodaß der Putz jetzt nicht mehr herausfallen kann.
Der Weg zum See ist verwachsen, aber begehbar. An einer Stelle knapp vor der ersten Biegung sieht man bis zur alten Kapelle hinauf, wenn man sich umdreht. Viel Gras an allen Stellen, überall Gras, das ist gut so.

215. HELL UND DUNKEL

Atemschritte, Winterschlaf. Alles außer Reichweite. Es ist auch kein See da, bloß ein schmaler Weg zu den Gärten hinüber, und vielleicht liegt tatsächlich irgendwo hinter einem ehemaligen Hasenstall eine harte Semmel, versteinert.
Sind die Fenster sauber? Lachen die Heizungsrohre im nachtdunklen Supermarkt über all das Geschiebe und Getrappel am Tag? Am Morgen zeigt der Berg seine Kiemen, die bewaldete Rückenflosse. Der Rest bleibt fast zur Hälfte schief.
Die Fensterrahmenfirma schickt ihre Sachen jetzt auch in den Osten, wo immer das ist. Kollektionen, Lagerhallen, dahinter wieder die Gärten, gefrorene Hügel, Steinplatten in Schrittweite, strenge Zäune. Nachts liegt da überall Reif.

216. JOB

Sie mag es nicht, daß er immer hinter ihren Ohren herumschleckt. Sie sagt ihm das, steht dann auf und bürstet die Affenfelljacke aus, dreht sich dabei langsam um. Minuten danach geht sie ins Wohnzimmer hinüber, schaltet den Fernsehapparat ein. Gespräche mit Frauen aus dem sogenannten Schaugeschäft. Es gelingt ihr, den Blick einer dieser Frauen einzufangen, und nun spürt sie, die Frau redet zu ihr, sie meint niemand anderen als sie, und sie zeigt ihr das auch. Sie erfährt: Die Singerei strengt ungeheuer an. Ist ein Faustkeil-Job. Wie das irre Lied über den Hund, der von Unbekannten eingefangen, gefesselt, betäubt, unsachgemäß kastriert und dann mitten im Ort liegengelassen wird.
Nun kommt ihr stämmiger Begleiter herüber, setzt sich zu ihr. Er ist Leiter einer winzigen Bankfiliale und erzählte in seiner gar nicht so lange zurückliegenden Schulzeit immer wieder von seiner ihn regelmäßig verfolgenden Vorstellung, daß die böse Mathematiklehrerin von einem Kamel nackt durch den Turnsaal geschleift und am Ende an die neue Sprossenwand gedrückt würde, in Gegenwart der unbekümmert weitertur-

nenden und auf ihre flehentlichen Bitten um Hilfe nicht achtenden Klasse.

217. AUF DEM SPRUNG

Daheim: Das Kind schwerkrank, vom Bügelbrett hängen Fäden herunter. Besucher, sofern überhaupt noch welche auftauchen, sind meist schon betrunken, als sie ankommen, und immer beißen sie sich mit den Zähnen in ihren Geschichten fest, geben nur ganz kleine Brocken davon wirklich preis oder nehmen später alles wieder zurück, als ließe sich etwas ungeschehen oder ungesagt machen.

Die Kleine aber phantasiert im Fieber, redet sogenanntes wirres Zeug, fällt sofort um, als sie einmal aus dem Bett steigt und zwei Schritte gehen will. Sie beißt in ihr Haar, als wäre da ein fruchtiger Fetzen, alles ist Nähe, Widerstand. Und obwohl natürlich innerlich fast alles zugleich geschieht und überhaupt nichts gelingt, jagt jede einzelne Sekunde durch die jungen Adern, als wäre es ohnehin bereits zu spät.

218. CAFÉ

Zwei junge Studenten, gerade nicht mehr Schüler, tauchen auf, zeigen ihre schwarzlackierten Fingernägel. Sie wollen Blut, Happenings, geschundenes Fleisch, alles auf Film oder Fotos festgehalten, verschleppte, zähe Kunst. Einer der beiden hat Trottelflecken im Gesicht, redet drauflos wie bei einer Konferenz. Er erzählt von einem Film über eine Tupperware-Party, bei der am Ende alles Plastik feierlich eingeschmolzen wird, dazu chinesische Musik, in abgedunkelten Räumen. Die wilden Hausfrauen, sagt er, schießen zuletzt herum wie harte Metalle in einem eisigen Raum, ein Blinken und Blitzen, gepanzerte Unruhe. Erst sehr viel später schlafen alle ein, bekleidet, und mit ruhigen Atemzügen und sanften Brustkorbbewegungen ende der Film. Interessant, sicher.

219. IMMER SO WEITER

Blankes Geschnei. Und sie mit diesen dünnen Schuhen, die also von einem Rot waren, das fast schon knallte. Das Schneien wurde dichter, bis schließlich wirklich eine weiße Wand herabzusinken schien, aus der freilich dann und wann ein langsam fahrender Wagen auftauchte, mit eingeschalteten Scheinwerfern.
Als sie nun vor der Wäscherei ankam, stand dort ein Kombi mit laufendem Motor, die Abgasschwaden stiegen in nach rechts drehenden Spiralen hoch, und der Schnee sank durch die dichtweißen Schwaden durch, Weiß gegen Weiß. Im Wagen eine Frau, die einen eher entschlossenen Eindruck machte. Sie stieg nun aus, warf die Türe zu, Standgas. Der Wagen erzitterte. Die Frau aber stürmte (noch einmal?) in die Wäscherei. Davor: der Schnee, der Schnee, der Schnee. Also alles weiß. Dabei blieb es.

220. EIN LEISES KNACKEN

Ein Kind, das in Wut und Freude oft darangegangen war, diese heftigen Gemütslagen durch wilde Bocksprünge und Armeschlenkern auszutarieren oder zu kommentieren, war in den Jahrzehnten zur behäbigen Frau und Mutter geworden, die ihrer Tochter, als sie wieder einmal krankte, einen Inhalator über die Atemorgane preßte, der aussah wie eine schnabelige Blumenvase.
Ob das half?

221. DANN LOSBRÜLLEN

Das heimliche Scheitern in all den Existenzen am Ende des Zeitalters der fossilen Brennstoffe, mündete es nicht zuletzt in eine sanfte Kreisbewegung?
Bei der Kinderaufzucht war sie völlig auf sich allein gestellt

gewesen. Warum also sollte sie jetzt, wo die Kinder erwachsen und weg waren, etwas ändern wollen, im Zorn oder nicht? Es regnete in den ersten dünnen Schnee. Und wie jedes Jahr kamen wieder diese Stürme, die selbst die Fetzen noch scheppern ließen. Sie saß da und sinnierte. Am Knöchel Echsenhaut, auf der Kellerstiege getrocknete Hagebutten. Und in der Zeitung die Vorankündigung eines Films, an dessen Ende zwei Männer über einen dritten herfielen, um ihm bei lebendigem Leib die Hoden abzuschneiden. Vor dem Haus ließ ein gleichmäßig stärker werdender Nachtwind die Löcher in den Zaunpfählen singen. Und vor den Fenstern flockte schwaches Licht in die schräg gezausten nassen Gräser. Ein leiser Spott schien hinter all dem zu lauern, als huste hier sozusagen die Landschaft, aber nur, um eigentlich einen Lachreiz zu überspielen.

222. DIE MÜRRISCHE HELDIN

Es regnete sich wieder ein, die Bäume wurden schmierig. Der Winter, der als wahrer Flockenscheißer begonnen hatte und schon nach wenigen Tagen wieder nur Regen und Matsch brachte, er konnte ihr gestohlen bleiben. Sie aber konnte sich ereifern. Sich ein paar Brauen ausrupfen. Das Kopfhaar zurückbechern. Zuversichtlich durch die Tage hechten. Was konnte sie denn nicht!
Ein gnädiges Bewußtsein sprang mit ihr um in einer Art, die die Schmerzen unter den Zwischentönen vergessen ließ, als wären sie ganz kurz zuvor einfach ausgewaschen worden. Der Rahmen, in dem sie hing, die Fäden, die sie hielten, all das schien sich gedehnt zu haben, und sie hätte bereits beginnen können, sich das Eis vom Körper zu klopfen, während im Inneren noch die Riemen surrten. Nachts: Die vielen Lichter ließen sich verbinden, gedachte Linien ergaben Umrisse für mögliche Figuren, die Figuren bebten, lebten, gerieten aneinander, gelobten Eindimensionalität, stiegen höher und mischten sich mit leichtem Brennen in der Netzhaut.

223. AUF KREDIT

Im Badezimmer knurrte das Wasser, sang. Und im Zimmer davor: Der alte Gitarrenvogel spielte, jaulte, rieb die Fingerkuppen über die Stahlsaiten. Der lebte jetzt mit einer Pulloverfrau, die ihm, während er musizierte oder Zeitung las, ewig etwas kochte. Ihr blasser Hintern, diesmal unter asiatischen Stoffen: Exotik. Und wieder war alles so traurig, so düster, so schwer – ein Zitat also.

224. DIE EINZIGE RICHTUNG

Der Wind wehte frisch gefallenen Schnee aus den Bäumen, der Wind blies ihr unter den Mantel.
Warum kamen immer alle zu ihr, um ihr aus ihrem Leben zu erzählen, wo sie mit dem eigenen schon mehr als genug zu tun hatte!
Sie war ein eher saturnischer Typ, kein Zweifel, aber... Bis zur Bushaltestelle waren es noch fast zehn Minuten durch Schnee und Düsternis.
Trotz Umbau ungestörter Verkauf, stand auf einem innen an die Glasscheibe geklebten Stück Packpapier in einem Geschäft für Umstandsmoden.
Der Schnee schien fast zu duften.

225. EINE LÜCKE

Gebremst, stehengeblieben. Am Straßenrand ein paar Schritte in die verschneite Wiese hinaus. War da nicht eben ein großes, humpelndes Tier verschwunden? Die Büsche ganz ruhig, dahinter der langsam auslaufende Hügel, über dessen Rand man in die Kälte des Weltalls hinausblicken konnte. Jeder Stern – scheinbar verlangsamt flimmernd, dann wieder aufstrahlend nach kurzem Abblinken – brachte eine Botschaft von der Sonne, das war ja bekannt.

Aber hier, im Schnee: Nicht einmal eine Spur oder die Schatten einer Fährte waren irgendwo zu erkennen. Und doch war gerade etwas vorbeigehuscht, in die Büsche verschwunden. Wo lag da der Fehler, die Täuschung – wenn man überhaupt davon sprechen konnte?
Drüben am Waldrand kreisten Krähen, schrien in der Dunkelheit. Vor dem Wagen, im Scheinwerfer, glitzerten Schneekristalle auf, ohne Zahl.

226. VERSCHWINDEN

Andererseits: Einundvierzig Jahre persönlicher Geschichte und immer noch keine Spur von einer Art anderem Traum! Höchstens daß sie einmal aufgeregt im oberschenkeltiefen Flußwasser steht und ruft, und ihr Mann kommt und redet sie schief an, verschwindet dann, sodaß sie mit den Fäusten aufs Wasser eindrischt und zugleich auch schon aufwacht.
In Wirklichkeit und abseits aller Alpträume aber weiß sie, daß nun den Ehemann ihr Bauchspeck stört und ihre Schwammigkeit, obwohl ihm doch selber überall die Polster nachhängen. Seit mehr als zwei Jahren nimmt sie deshalb von ihm auch kein Geschenk mehr an, er trägt das mit Fassung, hält dafür manchmal ihre Hand, als wäre sie eine Blume, die er gekauft hat.
Auch das gibt es: Daß sich jemand einen langen, zugefrorenen Fluß wünscht, um ihn auf Schlittschuhen hinabzulaufen und endlich zu verschwinden.

227. DIESES UND JENES

Innen, erster Stock: zunehmende Verkauzung. Eine Wohnzimmerehe. Und am Bildschirm, 19 Uhr 06, kocht die wilde Affenscheiße, kleine Batzen fliegen auch schon durch den Raum. Es tropft von der geballten Faust. Ein Schatten kriecht den Arm hoch. Im Film oder vor dem Bildschirm? Der Mann

wird übergangslos nervös, erhebt sich, dreht sich ein halbes Mal heftig um die eigene Achse, bevor die Frau ihn mit ein paar gesalzenen Erdnüssen wieder beruhigt, sodaß er sich in einem Akt der schönen Selbstbeherrschung langsam niedersetzt und erneut ins Fernsehen vertieft.
Unten indes fährt ein leerer Viehtransporter vorbei, kein Gebrüll daher, kein Muhen ist da, nur die Kälte, klar und deutlich. Von weitem scheint überhaupt alles zu stimmen, überall. Vor der Tankstelle beispielsweise ein Weihnachtsbaum, der schon seit Einbruch der Dunkelheit beleuchtet ist und Erinnerungen an gewisse Gestimmtheiten herbeirufen soll; auf einem großen dunklen Werbeplakat ein paar Tips, wie man das Leben allein durch das Rauchen schon zu einem Abenteuer machen kann. Und unten am Fluß ein kleines Feuer aus Abfällen: Was der eine sammelt, haut der andere weg.

228. DRÜSENGESCHICHTE

Von einer vollständigen Zerstörung der Darmflora will der Arzt diesmal noch absehen, aber ein paar scharfe Injektionen muß er schon anbringen.
Sie sieht die Gehilfin des Arztes im Hintergrund herumkreisen, eine Rothaarige, die ihr schon von Beginn weg nicht geheuer gewesen ist und deren Gesicht immer aussieht, als hätte es soeben etwas verraten wollen, wenn nicht eine Art frecher Vernunft im letzten Moment noch bremsend dazwischengesprungen wäre.
Sie hört das Ende der Ausführungen des Arztes herannahen und spannt ihre Rückenmuskulatur an. Jetzt kommt das gute Zureden, die distanzierte Aufmunterung, die Stimme wechselt ganz leicht den Ausdruck und landet bei einer Phrase, die man sicher nicht auf die Goldwaage legen soll.
Und trotzdem.

229. EIN VERSTECK

Vier Monate vergingen. Achtundzwanzig neue Krachwagen waren inzwischen zugelassen worden im Ort. Und alles war weiß geworden, alles ist weiß jetzt.
Staub in den Schachteln, Kälte, Briketts.
Ein starkes Ziehen von der Wasserseite. Ein müdes Hirn, akustisch von Geigen verfolgt, macht seine Arbeit, während Abwaschwasserblasen lautlos platzen, im Erdgeschoß, zweites Fenster links.
Draußen: Eine Frau mit einer Fellkappe, an deren Seite Löwenohren oder dergleichen angenäht sind, drückt an die Klingel an der Tür vier Schritte neben besagtem Fenster. Ein Gewerkschaftslied jault aus dem Vorhaus, bricht dann ab.

230. HERZEN MIT FEDERN

Kurz vor dem Tunnel hatte er einen durchgefrorenen Autostopper mitgenommen, der schlotternd in seinem Jeansanzug am Straßenrand gestanden war und in den übernächsten Ort mitgenommen werden wollte, um einen Bibelkreis zu besuchen, welcher dort Woche für Woche abgehalten wurde und von einem Nachkommen eines ehemaligen Adeligen des Tals finanziell unterstützt wurde. Voller Stolz erzählte der Autostopper vom selbstlosen Einsatz dieses Gönners, und daß sich deshalb sogar dessen Bekannte und Geschäftsfreunde nicht lumpen ließen: Einer zum Beispiel – er leite ein Ziegelwerk – habe während einer Phase, in der das geistliche Heim gerade ausgebaut und in der gesamten Anlage vergrößert hatte werden müssen, statt der bestellten fünf gleich sieben Lastwagenladungen mit Ziegeln geliefert und dann nur vier davon verrechnet. Und ein anderer – er besitze eine Großwäscherei in der nächsten Stadt – habe sich bereit erklärt, die für Seminargruppen im Sommer zur Verfügung gestellte Bettwäsche jedesmal auch noch zu waschen und zu bügeln, ohne dafür mehr als die Fahrtkosten zu verrechnen. Ehrenwort.

231. MECHANISMEN

Der Schnee beißt sich durch den Gartenzaun, wirbelt in steilen Spiralen auf den unruhigen Boden. Und dahinter die flockig überzogenen Büsche, die irgendwann wieder tropfen werden und jetzt nur von Zeit zu Zeit in leichte Bewegung geraten, wenn kleine Zweige unter der Last langsam tiefer sinken, bis der Schnee abfällt, sodaß die hochschnellende Gegenbewegung auch andere Zweige streift und weiter Schnee abschüttelt, während ständig neue Flocken nachkommen und sich lautlos in die Zweige legen.
Die hungrigen Löcher in der Gegenwart!
Eine Erinnerung wirft sich hoch; sie zieht in einer flachen Parabel durch den Vorstellungsraum: ein Flußbild, träge Ufer, ein im Traum ganz fest mit dem Gelebten verschränktes Bild eines Orts, der, auch wenn er nirgendwo zu finden ist, sofort wiederzuerkennen ist. Wege und Hoffnungen, ein Zusammenhang, der viel größer ist als alles, was jetzt überwältigen könnte, bildet den Hintergrund, eine Art Schutzgefühl. Erst am frühen Morgen löst die Spannung sich auf.

232. SCHMALE KLAMMER

Einem Brauch gemäß wurden am Dreikönigstag alle Schuhe geputzt. Dann spät ins Gotteshaus, spät an den Mittagstisch. Zur Nachspeise eine Zuckercreme mit kaltem Schlagobers, Likörweichseln drauf. Linkische Gespräche, gewitzte Zufriedenheit. Der Weg ist der Fluß, hieß es, und das Vorzimmer war erleuchtet.
Die Tochter des Hauses aber wurde just zu dieser Zeit von ihrer ersten Menstruation überrascht.

233. HEIM VOR DER DUNKELHEIT

Am verschneiten Forstweg eine schmale Schlittenspur, die Schritte dazu wohl von einer Frau, Pelzstiefel mit S-Muster als Profil. Alle zehn bis fünfzehn Meter ein zerstäubter, gefrorener Blutstropfen; die Frau hat geblutet!
Weiter oben kommt plötzlich eine Hundespur zum Schlitten dazu, wie von nirgendwo. Also hat der Hund auf dem Schlitten gesessen – faules Schwein!
In einer Kurve, die der Hund ein wenig enger genommen hat als die Frau, stellt sich heraus, daß auch das Blut vom Hund stammen muß: In seiner Fährte nun, immer noch regelmäßig, der tiefrote Tropfen, der sich in die harten Schneekristalle gesaugt hat und an deren Rändern ein wenig heller geworden ist.
Nach einigen weiteren hundert Metern hat die Blutung nach wie vor nicht aufgehört, das Blut gehört nun bereits zum Weg, ist eine zusätzliche Markierung, die sich bei der anhaltenden Kälte auch gut halten wird.
Plötzlich aber hören die Blutstropfen auf, nur noch die Fußabdrücke von Hund und Frau sind zu erkennen, auch keine Schlittenspur mehr!
War es also, zum Donner, der Schlitten, der die ganze Zeit hindurch geblutet hat, um sich zuletzt irgendwo in die Büsche zu schlagen und in aller Stille das Ende abzuwarten? Solche Dinge kommen wohl sonst nur in Geschichten vor!
Schön aber sind auf jeden Fall die Eiszapfen, die die Spätnachmittagssonne an der felsigen Hangseite zusammen mit der allgemeinen Kälte erzeugt hat. Man kann sie abbrechen und gegen die Stirn schlagen, sie zersplittern dabei, die Stirn aber bleibt unverletzt, hält sogar noch ganz andere Sachen aus.

234. EIN FELDWEG

Er hatte zwar noch immer keine Lust auf die Hotelfachschule, aber es mußte doch auch ohne Lust gehen!
Die Zeiten tauschen: geht nicht.
Die Erde knirschte, kalt also. Und das ganze Dorf ein Pelz.
Die Traurigkeit flattert nicht, sie hält sich ganz still. Lauter solche Weisheiten. Er war natürlich nicht verzaubert, er stand bloß so da. Es war Winter, die Außenflächen zeigten keine Eingeweide, weiche Formen herrschten vor. Und alles versauerte, zischte in den Schaum, den die Ereignisse vor sich her schoben.
Umgekehrt: Ganz so schlimm wird es auch wieder nicht gewesen sein.

235. WIE GESTOCHEN

Dann eine der Nächte, in denen sie Autos zählt, die Kraft der Sterne zu spüren vermeint und eine Ahnung davon hat, daß es eine Fortsetzung geben muß, irgendeine.
Die schiefen Felder der Schatten der Nachbarhäuser! Sie schaut eine der purpurnen Schlaftabletten an und wirft sie zurück in die Packung. Größer als das Leben sein, in Momenten zumindest!
Drüben auf dem Hocker die weiche, dunkle Pulloverwelt, auch die Strumpfhose hängt herunter, zieht eine Strecke und rührt sich nicht. Ist es so wichtig, einschlafen zu können?
Sie steht noch einmal auf, geht zum Fernsehgerät und legt einen auf Videokassette gespeicherten erdgeschichtlichen Fernsehfilm in den Recorder. Zu sehen sind Entwicklungsstufen der Erde vor Erscheinen des Menschen, und die Verlängerung weist in eine Zukunft, in der es wiederum eine zur Gänze von anderen als menschengesteuerten Phänomenen bestimmte Erde geben würde in einer Zeit, da die Menschen auch längst wieder von diesem Planeten verschwunden sein würden.
Eine der Aufnahmen zeigt Eiswolken, die sich wie riesige

zerpulverte Kristalle ineinanderschieben, daß man beim Zuschauen das Gefühl haben könnte, es würde jeden Moment irgendwo zwischen Stirn und Regenbogenhaut zu krachen beginnen.

236. WEITER

Mitten im Menschengewühl furzte er und trug dann den Gestank noch einige Meter in seinem Mantel mit sich weiter, als er eine Bekannte traf, mit der er ein paar Worte reden mußte, sodaß die Frau nun wohl gleich diesen Gestank wahrnehmen würde, in den er noch gehüllt war.
Während er in der Menge der Passanten gewesen war, hatte er die Sicherheit gehabt, daß niemand diesen Furz als den seinen identifizieren konnte, weil er längst wieder an den Leuten vorüber war, bevor diese etwas wahrnahmen. Jetzt aber...
Er verschlang die Momente, jeder Satz, jedes Wort, jeder Gedanke hallte innerlich nach. Scheißdreck, verdammter. Am Himmel echte Rokokowolken.

237. ELF UHR FÜNFZIG

In knappen drei Stunden war der Wagen verschneit. In einem der Häuser am Bach schoß jemand die Lichter aus. Völlige Stille, der Schnee fiel lautlos.
Himmelherrgott!
Ein leiser Windstoß dann und wann schien sich in den schweren Flocken zu suhlen. Und morgen also würde man den Altbürgermeister begraben. Unter einem Hügel von Lehm und Schnee und kunstvoll geflochtenen Kränzen.

238. ANRUF

Sie stellte den Vogelkäfig in die Brausetasse und schaltete auf Kalt. Panisch schoß der geduschte Sittich zwischen den Gitterstäben hin und her, spritzte Wassertropfen aus seinem Gefieder. Der Vogel schrie natürlich auch, in hohen, piepsenden Tönen, die sie jetzt aber nur mit halbem Ohr zu hören bereit war. Mit mutigen Händen stand sie da, deutete mit der Brause ein kurzes Kreisen an und drehte dann das Wasser wieder ab, wischte sich über die Stirn. Ein paar nasse Flaumfedern lagen am sandbestreuten Boden des Käfigs, in dem sich eine kleine Pfütze gebildet hatte. Es schauderte sie. Sie schüttelte sich, warf einen frechen Blick auf das geängstigte Tier und ging dann ins Wohnzimmer zurück, wo das Telefon läutete.

239. WARMES GELD

Sie hatte wohl ebenfalls nicht gerade über das Wetter reden wollen. Trotzdem ließ sie dann eine Bemerkung darüber fallen, daß die Bundesforste auch diesmal wieder den ungünstigsten Zeitpunkt für die Schlägerarbeit übriggelassen hätten. Und teilweise liege das Holz so ungut im Hang, daß man es mit einer Seilwinde heraufziehen müsse, um es wenigstens auf dem Weg zu haben, von wo es der Traktor hinüberschleppe zum Umkehrplatz, und da erst könne es dann vom großen Transporter per Schwenkkran verladen und weggefahren werden.
Der Lehrer nickte und nickte, hörte sich das alles an und sprach zuletzt erst recht wieder – vom Wetter.
Als die beiden zahlten, schickte jemand aus der hintersten Ecke einen Branntweinfluch durch den Rauch. Durch den Vorraum wehten ein paar Schneeflocken, schmolzen im Flug.

240. REGIONALZUG

Der Mann löste eine Fahrkarte nach Treglwang und setzte sich bis zur Ankunft des Zugs auf eine der hölzernen Bänke.
Im Waggon dann packte er sofort eine Buttersemmel aus und aß ein kleines Stück von der Serviette mit, die an der Semmel festklebte. Schon während dieser Mahlzeit schien er sich konzentriert der Ruhe hinzugeben, danach sank er noch ein wenig zusammen und blieb lange bewegungslos sitzen.
Draußen: Es war sehr kalt, aber es schneite fein. Die starren Sträucher, der überpulverte Schotter am Bahndamm, vereinzelte Flecken mit Schilf in einer Bachwiese.
Auf dem Feldweg fuhr ein blauer Volkswagen, einen großen Ballen Heu über das Dach gebunden. Aus einer Fichte flog eine Krähe auf.
Was genau war es, das die Trübseligkeit dieses Landstrichs wirklich ausmachte? Feierliche Bäume, reglos? Ein verbissener Lastwagenfahrer, der mit dem kleinen schwenkbaren Ladekran vereiste Baumstämme verlud?
Der blickte übrigens nicht einmal auf, als der Zug an ihm vorbeirollte.

241. EIN SEITENSTÜCK

Der Winter sträubte sich. Jagte Flocken in die Barthaare des Katers. Herbe, harte Büschel ragten am Hang aus der Schneedecke, und der Wind rieb einzelne dürre Halme in Halbkreisen über die Flockendecke.
In der Hütte saßen feurige Hühner auf den Stangen, in Gebete vertieft. Oder lauerten sie nur, schon halb auf dem Sprung?
Es war Abend, bald würden im Tal draußen die Geschäfte schließen.

242. NACHHALL

Einmal traf er in einem der Vorstadtcafés, in das die Lichter der Ampeln Muster auf die Tische warfen, zwei quirlige Schwestern, die aber natürlich nach New York wollten und blöd daherschwafeln mußten, bloß damit ihnen die Zeit verging. Und wie sie verging! Der einen, der jüngeren, hatte er zwischendurch einmal an die Schinken gegriffen, und sie hatte nichts dazu gesagt, aber gelacht. Später tat sie, als wische sie sich rasche Tränen aus dem Auge, die Ampel draußen blinkte nur noch orange, ein Schneeregen zog sich durch den zweiten Teil der Nacht.
Er trat den Heimweg an, zu Fuß, allein, und er hatte gute Lust, irgendeinen Geier aus der Luft herunterzuschießen, aber es gab hier keine, und womit hätte er schießen sollen! Er lebte hier und ging hier herum, aber zugleich war er hinausgeschmettert in eine seltsame graue Echsenwelt, in der es freilich auch Lastwagen gab und alte Ofenrohre, Säcke für den morgendlichen Einkauf, kalte Gummireste, Pfützen. Und im Kopf immer noch das Solo aus einem langsamen Blueserl, das jemand im Café viermal hintereinander gedrückt hatte, als wäre damit irgend etwas aufzuhalten gewesen.

243. REISE

Sie liegt schräg, wirft eine Hand über die Frisur. Ein leiser Lufthauch weht herein.
Die Fahrt, das innere Holpern, es hat ihr gutgetan. Irgendwo zwischen Dünkirchen und Paris, als im Abteil längst alles schlief, hatte sie minutenlang in das Dunkel hinausgestarrt, bis die Gleichförmigkeit zurückgewichen war. Es lag Mehl über den Feldern, die Wolken waren Wörter, die anmutig dahintrieben: So kräftig war das Leben, wenn man wirklich hinschaute!
All das rollt jetzt davon.

244. TATEN FOLGEN WORTE

Die Resopalplatte hinter dem Stammtisch ist mit verschiedenen Aufklebern bedeckt, einer davon zeigt einen Panzer und ein paar als Igel verkleidete Soldaten, eine Einheit der Panzergrenadiere ist abgekürzt unter der Zeichnung verewigt, wie das hier heißt. Haut und Knochen, schreit jemand aus der Küche, während der alte Kellner erzählt, wie er, arbeitslos, am Beginn der dreißiger Jahre, durch das norddeutsche Flachland bis Pommern gefahren ist. In einem kleinen Dorfwirtshaus sei er auf einen getroffen, von dem er erfahren habe, daß im nahen Kloster der Gärtner verstorben sei.

Er habe sich daraufhin dort gemeldet, angegeben, daß er Erfahrung als Gärtner besäße und also um Arbeit gebeten. Man habe ihn zwangsläufig genommen, weil von den Klosterbrüdern keiner das Gärtnern wirklich verstand. Der Prior sei ein wilder Musikant gewesen, den er, der nunmehrige Gärtner, an den Sonntagen nach dem Gottesdienst immer mit der Kutsche in einen Nachbarort fahren habe müssen, wo er geistliche Musik spielen sollte, in Wahrheit aber jedesmal auf dem Harmonium zum Tanz aufspielte. Dieser Prior sei übrigens ein eingefleischter Monarchist gewesen und habe noch eine Kiste mit Pistolen aus dem Ersten Weltkrieg besessen. Als schließlich am 30. Jänner 1933 einer der fanatischsten Nationalsozialisten des Orts auch im Kloster eine Hakenkreuzfahne habe hissen wollen, habe der resolute Prior ihm gedroht, alle Brüder mit Pistolen zu bewaffnen und ihn kurzerhand herunterzuschießen, wenn er es wage, sich über die klösterliche Weigerung hinwegzusetzen.

An dieser Stelle unterbricht der alte Kellner seine Erzählung aus seinen jungen Tagen, weil am Nebentisch jemand in schallendes Gelächter ausbricht wegen eines Bildwitzes in der Fleischhauerzeitung, in dem es um einen gestohlenen Priestermantel geht.

245. SCHWUR

Die Wahrheit aber lag nicht einmal dazwischen!
Er zeigte ihr also seine Gesteinssammlung: Hochinteressant, wenn dergleichen einem etwas bedeutete. Speisengeruch vom Vorzimmer. Von draußen war kurz Hubschrauberlärm zu hören, dann schon wieder das Musizieren aus der Nachbarwohnung.
Er lud sie also zum Nachtmahl ein. Sie schlug das natürlich aus, gab ihm statt dessen einen kurzen Abriß ihrer Vorstellungen von einer Liebe. Todernst, auch wenn sie lächelte. Sie wurde wieder ganz Hüfte, ganz Schenkel, ganz Knie. Und ging. Süße Knöchel, heiße Kehlen...
Nach langen Wochen des Hoffens also nun diese klare, zutiefst menschliche Regung! Die Sekunden wollten ihn würgen, und die Welt wurde mit jedem Blick anders, baute sich zuletzt richtig stolz und in aller Frische vor ihm auf, um ihm erneut zu zeigen, welch armseliger Kleeblattschnitzer er dagegen war.
Natürlich, sie hatte ihn verlassen, noch bevor sie richtig dagewesen war, das war ganz klar, aber es gab sie noch, und es gab auch ihn und so vieles mehr, und das konnte dann irgendwann einmal vielleicht bereits genügen. Mußte es.

246. DIE FURT

Wo der Fluß seine stillste Bucht hat und das Wasser fast steht, hat sich vom Ufer weg eine feine Eishaut gebildet, die in der kommenden Nacht noch fester werden und weiter hinauswachsen wird bis dort, wo man schon keinen Grund mehr sieht. Darüber ein makelloser Quader aus Stille, und hinter der Stille vielleicht ein Zittern, ein lange ausschwingender unaufhörlicher Ton; etwas, das das Herz zerreißt.

247. SCHWINGUNGEN

Der Hund war ein schwerer Bernhardiner und trug den Namen einer süditalienischen Hafenstadt: Bari. Er brachte einen Spielzeughammer aus dem Vorhaus und ließ ihn dann fallen, indem er ganz einfach das Maul öffnete. Danach stand er dumm und wuchtig da: Er wartete.
Die Frau, die ihm den Namen verpaßt hatte, huschte durch die Türen, setzte sich später zum Tisch, zu Tee und Trockenfrüchten. Und im Radio das Lied vom Lokführer, der voll mit Kokain war und seinen Zug durch das Flachland donnern ließ, daß Funken von den Schienen sprangen. Laut Moderator die Wunschmusik eines Herrn Reinhold Gittlinger, Sachbearbeiter im öffentlichen Dienst in der Landeshauptstadt. Als nächstes folgte ›Umbrella Man‹.

248. PULS

Weit mehr als vierzig Tage währte nun schon diese rasende Leidenschaft in und an ihr, und sie hatte natürlich nicht die Absicht, sie durch irgendein Sakrament zu heiligen.
Die Ampel sprang auf Orange, dahinter die Korallenriffe. Sollte sie noch länger ins klare, kalte Wasser schauen und den Augen die Zügel schießen lassen? Das Leben sonst war immer so sparsam! Und jetzt auf einmal diese ozeanische Tiefe, sie wollte sich da hineinpeitschen, war nahe am Weinen und sah dann, wie noch einmal das Licht wechselte.
Ihre Hände am Lenkrad, sie spürte den Marsch des Herzens, Wogen gingen durch sie hindurch, sie gab Gas, arbeitete an den Pedalen, es gelang schon wieder alles!
Wie schwer ihr dagegen die letzte Fahrt gefallen war!
Im Kofferraum lag, zerlegt in zahllose Einzelteile, insgesamt aber schön verpackt, ein Indianerdorf aus Plastik. Das war für den Sohn ihres Mannes: Geburtstag...

249. ABKÜRZUNGEN

Sonderbare Menschen sind das! Die strecken nicht einmal ihre Fäden aus und tun, als wollten sie am Leben nie rütteln. Er weiß manchmal selbst nicht, was ihn von ihnen trennt. Unschuldige Sekunden, eine unruhige, silberhelle Flüssigkeit? Er sucht eine stille Ecke, findet keine, geht deshalb wieder.
Die Eindrücke haben ihn mitgenommen. Er ist jetzt Untermieter, alles, was er sieht, kommt ohne Tarnung auf ihn zu, er fühlt sich tatsächlich wie frisch verpflanzt. An manchen Abenden, wenn er nicht im Zimmer sitzt, geht er in ein Kino, sieht Fallensteller, Blitze über sinkenden Schiffen, schöne Frauen. Was so harmlose Mundöffnungen alles zu tun imstande sind!
Er geht über die Kreuzung, bewegt sich wie unter Wasser. Immer kürzer werden ihm die Beine, er weiß nicht, ob ringsum sich nicht manches anschickt, jeden Moment zu explodieren. Pfeile, Farben, Gift, das alles geht natürlich auch in einen Kopf, wenn es sein muß. Noch aber ist er nicht verschüttet, und Felsen hat er auch noch keine gesehen in der Stadt, nur ein zauberhaftes Leuchten wie über versunkenen Gärten. Und auf dem Bahnhof in der Halle stand ein Mann auf einem Schi, auf dessen Unterseite kleine graue Gummiwalzen geschraubt waren!

250. MIT GEKREUZTEN BEINEN

Grüße aus aller Welt! heißt es auf der Karte, die man ihr geschickt hat. Herzig. Sie schlägt den Pullover über den Hocker, schlägt den Hocker mit dem Pullover. Wenn ihr Tag fast fertig ist, spannt sich oft eine weiche Leere wie eine riesige Zeit über ihren Horizont, und sie sieht den Staub, die Schatten, ihr Müßigsein, aber was nützt es ihr? Ist es der Stillstand?
Sind die Wege draußen nicht schon schneefrei?
Sie fängt ein Gefühl auf, wie im Flug, hält es kurz fest und bleibt ganz nahe dran. Ja, tatsächlich hat auch sie bisweilen

etwas von einem wilden Tier an sich, das auf einer sonnigen Lichtung schläft. Und wenn der Moment dann kommt und sich alles wieder nähert wie ein weiteres zähes, graues Jahr mehr, so ist sie darauf vorbereitet und weiß, was sie zu tun hat: nichts.

251. SELBSTBEDIENUNG

Die Bevölkerung belohnt sich mit Hamsterkäufen. Vier Kartons Schokobrezerl in einer halben Stunde, das ist ein stehender Wert, der erst überboten werden muß, meint die Frau an der Kassa, während sie weiter Zahlen in die Tasten drückt. Um halb sieben spätestens eilt sie heim zu den Lieben, steht ihnen für allerlei Anfragen zur Verfügung, dann kommt die Zeit-im-Bild-Sendung, und der Sport, der folgt sogleich.
Was das leibliche Wohl betrifft, so ist die Kassiererin, deren mißmutiger Ehekamerad über sieben oder acht verschiedene Bergsteigerhüte verfügt, um diese Zeit einem aufgewärmten scharfen Gericht, wie es in der Ungarischen Tiefebene zur Arme-Leute-Kost gehört, nicht abgeneigt. Einmal hat sie ihr eigenes leicht abgewandeltes Rezept davon sogar schon an die Landeszeitung geschickt, nachdem diese zur Einsendung origineller Rezepte aufgerufen hatte, aber mehr als eine Antwortkarte mit vorgedrucktem Dank und dem Versprechen, sie an der Verlosung teilnehmen zu lassen, ist nie herausgekommen.

252. LECKERBISSEN

Das liebste am Kuchen sind mir die Rosinen, sagt die Tochter und bohrt mit dem Finger weichen Dreck aus der Nase, um ihn ihrem kleinen Bruder in den Mund zu stecken. Das ist nun freilich recht ungezogen, und die tolle Mutter gibt ihr deshalb einen Klaps, jagt sie ins Kinderzimmer; dann wird die Tür versperrt – niemand liebt sie jetzt.
Rosinen sind getrocknete Weintrauben, die dunkelroten nennt man Korinthen. Die schmecken!

253. WELLEN

Alles wintergrau und braun heute. Die Katze spielt, man kann ihr dabei zuschauen. Zwei Briefe, die geschrieben werden sollten. Leere, Aufregung im Magen. Was liegt richtig, was liegt falsch?
Die Augen lachen, sie spucken alles an und sind auf einer Art Hochzeitsreise; nachmittag kommt eine Sonne dazu, mischt sich ein. Zerbrochene Sekunden, Spaghettiträger auf einem Foto.
Am frühen Abend in einem Chinesischen Restaurant, und beim Zahlen sagt der Kellner, daß das mit den Weltraumflügen alles nichts sei von dem, was Menschen wirklich zu tun hätten. Er lächelt und verbeugt sich. Auf dem Gehsteig Blechfetzen, ihre Schatten. Die Atmosphäre kämpft, saugt ihre unteren Ränder an und läßt gleichzeitig Spannung fahren. Für einige Momente dreht das Unbelebte auf und setzt sich kräftig durch, dann wieder nicht, das wechselt beinahe ab, obwohl kein Plan dahintersteckt.

254. SCHON GUT

Es war, als hätte jemand ihre Herzen auf verschieden langen Seilen eine Zeitlang in die Höhe gezogen, um sie dort einer seltsamen Prüfung zu unterziehen.
Aber wie sollte er jemals wissen, ob sie gerade allein sein wollte oder eben nicht? Und wie sehr verletzte es ihn, wenn sie ihm auf seine Fragen dann tatsächlich antwortete, sie wolle also bitte lieber allein sein!
Eine Blase trieb über eine Pfütze, drehte sich dabei auch noch um sich selbst. An der Haltestelle standen ein paar Leute, sie blickten zu den Lebensbäumen im Park hinüber.
Flüssiges Erz unter den Füßen!
Die andere Frau, zu der es ihn stark hinzog, bot ihm eines Tages neben ihrem Mann einen Platz in ihrem Bett an. Es war klar, daß er dieses Angebot ausschlagen mußte.

255. UNTERSCHIED

Es läutet, der Sohn des Hauses öffnet. Eine derbe Frau mit Ringelnattergesicht steht an der Tür, fragt nach den Eltern, mit denen sie gern ein kleines religiöses Gespräch geführt hätte. Die sind aber nicht da, leider. Die Mutter ist einkaufen, der Vater schaut, ob beim Straßlwirt alles in Ordnung ist. Dort läuft im Gastzimmer schon der Fernsehapparat, Werbung. Eine junge Frau ist zu sehen, die eine Flasche Distelöl in der Hand hält und den schönen Mund bewegt.
Die Mutter indessen sieht beim Adeg-Markt dieselbe Frau auf einem Plakat: Sie hält ebenfalls diese Distelölflasche in der Hand und erinnert die Mutter auf diese Weise daran, daß sie ohnehin längst schon einmal das Distelöl ausprobieren wollte. Sie kauft also eine Flasche, und als sie wieder heimkommt, sagt sie sich: Das Volk braucht tüchtige Männer und Frauen aus seiner Mitte, die das Land zur Zufriedenheit aller leiten...
So denken viele. Und im ganzen Land kauft man plötzlich mehr Distelöl.

256. ZU SOLCHER STUNDE

Da teilten sich die Wolken, und Mondlicht fiel auf die Landschaft. Zum erstenmal allein! Sie war froh, daß sie zumindest das Telefon im Haus hatte und sich in die Welt hinaus verbinden lassen konnte, wenn sie das wollte. Wenn die anderen sie nun sehen könnten!
Sie stand am Fenster, die Vorhangenden auf den Schultern, und unentwegt rollte die Stille durch diese erste Hälfte der Nacht, in der sie vielleicht doch besser wach bleiben würde.
Die heißen Augenlider!
Als sie sich endlich gesetzt hatte, hielt sie den Kopf noch immer schräg zum Fenster gerichtet. Im Profil ergab sich zwischen oberem Ohrenansatz, Braue, Backenknochen und der feinen Furche zwischen Kinn und Unterlippe ein perfektes Quadrat, auf dem wie eine dünne Schicht das Licht lag. Schon Leonardo da Vinci hatte auf dieses Quadrat hingewiesen.

257. DIE GESCHICHTE VOM KÖNIG BRAUSER

König Brauser hat mit den Bergen zu tun, genauer gesagt, mit dem Bergbau. Aber erst nach langen Irr- und Umwegen. Er blüht und scherzt, als seine Töchter ins heiratsfähige Alter kommen, haut auf den Tisch, verachtet viele und vieles, so auch den Bergbau.
Er wird grau und schrubbelig, bis er seine Lehre erhalten hat und am Ende tatsächlich weise ist. Als nach langem Unglück, das er still und geduldig überdauert, sich alles wieder weist, vollführt sein bewegtes Gesicht eine Art Wangentanz. Weint er? Ja, aber vor Freude.
Dies erzählte einer, der zwischendurch – wahrscheinlich, um sich zu beruhigen – immer wieder in sein Taschentuch biß, sodaß dieses schon ganz feucht und zernudelt war, als die Moral der Geschichte endlich durchschimmerte.

258. DIE AUGEN KOMMEN HEIM

Ein schwerer Meter Eis hängt aus der Dachrinne. Die kalte Zeit also noch, ihr letzter Rest: ein ganzes Jahr! Frau Trattner aber kauft schon Ostereierfarben, packt nach langem wieder einmal den Feldstecher ihres Mannes aus und wirft langsame Blicke in die vereisten Felswände hinauf. Mit der Hand berührt sie das Fensterbrett, vor dem sie steht, und das Fensterbrett scheint es ihr danken zu wollen.
Frau Trattner vermag ferne Umrisse, an die sie sich erinnern kann, mit Worten oder Gedanken neu auszuführen, sodaß eine Art Spiegelung entsteht, über die die meisten Leute anscheinend lieber hinwegsehen.
Die nette kleine Küche!
Das Leben in all seinen Verästelungen, auch hier, vor der Nase!
Der tapfere Berg!
Und vor drei Wochen erreichte sie eine Karte vom Großen Sklavensee, abgeschickt vom vor langer Zeit nach Kanada gegangenen Stiefbruder Tonerl. Auch dem geht es gut.

259. WILDE JAGD

Er küßt ihren Kopf, während sie einen Film ansieht, der im verschneiten New York endet. Schlüssel am Teppichboden, wechselndes Licht drüber. Wenn sie Schwierigkeiten hat, soll sie bei ihm bleiben, sagt er, aber sie hört nicht wirklich zu. Im Film sieht man zwei Schwestern, die ihre Seelen durch New Yorker Winternächte treiben: Schmus. Man hört die Bohlen krachen, einmal treibt Dreck im Wasser. Leuchtende Daumennägel übereinander auf einer Tischdecke. Lange Zwischenräume im Fortgang der Handlung. Eine Schlägerei, die in einigen wenigen Bildern nur angedeutet wurde, bleibt dann für sich, zusammenhanglos. Schmetternde Violinen, wahrlich gedroschene Töne. Kein Platz zum Leben, sagt eine der zwei Schwestern einmal und blickt dabei zur Seite. Ein leiser Abendregen. Scharfes Rot flackert von den Rändern her in die Bildmitte. Später, nach zahlreichen Verwicklungen und allerlei leerem Getöse: Beide leben weiter, als wäre etwas gewesen.

260. EINE AHNUNG

Auf diesen wenigen Brettern lebt er. Und haut sich in den Fasching und in die letzten Reste eines alten Schnees, als hätte er noch tausend Fragen an die Natur.
Am Morgen taut er mit einem heißen Thermophor das eingefrorene Schloß der Vorgartentür auf, mittags kommt die Namenstagskarte der Nichte. Nach dem Essen Feuerwasser, ganz kleine Schluckerl nur, aber viele. Danke, danke; danke für die Engel.
Er sieht mit freiem Auge bis zur Schule hinüber, wo die Kinder immer wieder die Fensterscheiben bemalen. Hin und wieder verschwindet er an den Nachmittagen kurz in der Kirche, atmet ruhig die schwere Stille ein, die er so sonst nirgends mehr findet. Man sieht sich ohnehin viel zu selten, fast nur mehr bei Begräbnissen, sagte seine ältere Schwester unlängst und hatte ganz recht.

261. BLICK AUF EINIGE HÄUSER

Der Sturm eine Art Wälzer. Er fegte einen Gartenkübel und ein paar Dachlatten in die Wiese hinüber. Dann die Gesichter der Dunkelheit.
Im Fernsehen ein Film über die Osterinseln. Auch dort die Dunkelheit. Sie schien ganz gleichmäßig auf das Vorhandene einzustürmen, während man im Zimmer nebenan vielleicht Gesottenes oder Gebratenes zu sich nahm. Oder sprach man von der Trophäenschau und von einem ärztlichen Dankschreiben an die Mitglieder der Freiwilligen Feuerwehren des Bezirks, von denen fast alle wieder fleißig Blut gespendet hatten? Die Häuser standen da wie belämmert, in die Ecke getrieben.

262. HEISSES AUGE

Abends lehnte sie in ihrem Raum und schaute herum: Alles war noch da, auf dieselbe Art, wie sie es am Morgen verlassen hatte. Dazu ihr Herumkauen, während sie – unschlüssig – nur so dastand.
Sie hatte angefangen, ihn an den Donnerstagen zu beobachten.
Manchmal las sie in dem dicken Buch über das Leben der Heiligen, das sie geschenkt bekommen und liebgewonnen hatte.
Einen Dorn zwischen den Augen tragen!
Das starke Gedächtnis!
Wenn sie die Wahl gehabt hätte zwischen Regen und Sonne, sie hätte sich wahrscheinlich wie ein bekannter Weiser für den Regenbogen entschieden.

263. REZEPT

Es gab auch eine Sage, die den Grund dafür nannte, warum genau an dieser Stelle ein Gotteshaus erbaut hatte werden müssen: Ein junger Bischof, der einmal eine kräftige Tat setzen wollte, beschloß, eine Kirche in die Wildnis zu stellen. Er überließ die Entscheidung über den genauen Ort jedoch einem sogenannten Fingerzeig Gottes. Also schleuderte er eine Axt weit durch die Luft, und als er sie nach langem Suchen wieder fand, wußte er sofort, daß er an eben dieser Stelle die Kirche zu bauen hatte.
Spätere Darstellungen zeigen ihn, wie er mit weitem Priesterumhang und mit der Bischofsmütze am Kopf frischen Mörtel auf einer Mauer verteilt, mit einer Maurerkelle, die mehr wie ein Hammer aussieht. Zwei Enten schauen ihm zu. Bäume, bis zum Wurzelstock hinunter niedergebrannt, geben den Blick auf einen Bach frei. Auch im Bach wohnt Gott.

264. IM TON DES LEBENS

Welch unbrauchbarer Schnee! Der ist schon nicht mehr wäßrig, sondern nur noch purer Saft.
Was sagt die Vegetation dazu?
Die Schneeglöckchen in den Auwäldern knurren leise, damit auch die Tiere rechtzeitig aufwachen: Die Krähe sitzt verträumt im Busch und läßt die Augen kreisen. Der alte Truthahn schläft im Schuppen, nur seine Federn schlagen manchmal schon Alarm. Von allen Seiten also kommen Antworten, sie schießen zusammen wie Geschichten.
Blaugrau, graublau: Ist irgendwo noch Platz für diese Farben?
Vor dem Papiergeschäft bewerfen einander zwei Stänkerer mit Kleingeld, lachen blöd dabei. Und an der Bushaltestelle tritt eine Frau mit nassen Füßen abwechselnd von einem Bein auf das andere. Ihre graublauen Stiefel!

265. GEBROCHENER PFEIL

Was war ihre momentane Hölle? War nicht die Traurigkeit auch sonst immer das Gitter, durch das fast alles hindurch mußte, zehntausend Maschen pro Quadratzentimeter? Der Barmann zog Schneisen in den Boden, sie spürte seinen Zorn bis herüber, und sie sah, daß er schon heiß wurde vor Wut. Er brachte ihr die bestellte kleine Speise, wünschte ihr etwas. Er schob ihr den Zuckerstreuer hin, obwohl sie den sicher nicht brauchen würde, zog sich mit langsamen Fersenschritten zurück. Seine Blicke fraßen sich in den Boden – waren es siegreiche Blicke?

266. LINKE ACHSEL

Im neuen Frisiersalon gedämpfte Musik, die sanfte Welle. In allen Spiegeln sieht man den kleinen Springbrunnen, der in der Mitte des Raumes steht – Gußarbeit, flaches Gestein am Beckenrand. Das leise kreisende Wasser erzeugt nicht nur Bewegung, sondern auch erfrischende Vogelstimmen aus kleinen metallenen Pfeifen. Das Personal betont jugendlich, aber mit unnahbaren Gesichtsmasken, auch wenn hin und wieder eine Bauchfellregion eine entspannte Schulter streift – das bringt die Arbeit so mit sich. Die Kleidung einheitlich hell: weiße Leinenpyjamas oder weites Judozeug, das genug Platz läßt. Und die Bewegung, mit der am späteren Nachmittag der beim Gähnen sich weit öffnende Mund schnell abgedeckt wird, geht über in ein beiläufiges Über-den-Mund-Streichen, während das frische Hautfett an der Stirne leicht glänzt. Die Scheren sind bunt, alle.

267. DER GROSSE SCHLAF

Das Schwein lief durch den Bach.
Im Ort roch es nach Faschingskrapfen. Graue, kalte Autos vor den Geschäften. Und auf den Gehsteigen weißer Atem, Spuren von Menschen, auch am Asphalt. In einer Auslage ein Elektrospiel.
Die Gegenwart stürmte dahin, breit, und alles wollte, so schien es, trotz allem nur bleiben, wie es war. In einem Volkswagen lachten zwei Frauen, krümmten sich vor Lachen, während zwei Ecken weiter sich jemand in eine Kirche hineinschleppte, sich dort in einen Beichtstuhl verkroch, kurz einschlief, bis ihm schlecht wurde in der abgestandenen Luft. Bevor er noch etwas unternehmen konnte, hatte er alles vollgekotzt. Erst draußen wurde es ihm wieder besser, zwischen alten Gräbern, die bereits Schatten warfen.

268. AM ROSENMONTAG

Spätnachts in einer Straße: Eine Frau schlägt ihren Begleiter ins Gesicht; als er verdutzt ist und irgend etwas Unklares entgegnet, bekommt er auch schon den zweiten Schlag, der lauter als der erste ist und den Kopf des Mannes ein Stück zur Seite federn läßt. Im Hintergrund eine spiegelnde Auslagenscheibe. Ein Phantasiefenster. Tapfere Reklamefarben. Die das Dunkel aber nicht durchdringen können.

269. WINDIGES

Die Tage um den Winterschluß herum schien auch die Luft so eine Art Brechdurchfall zu haben. Der Horizont, vor dem die Wolken wie Semmeln übereinandergelagert waren, bildete gegen das Flachland hin ein seltsames Haff, auf dem die verschiedenen Stufen von Helligkeit ihre Spiele austrugen, die bei aller Leichtigkeit von wie durch eine Kolik hervorgerufe-

nen Eintrübungen durchschossen waren. Und immer wieder staubte aus den sich bewegenden Wolkenrändern das Licht heraus, als zerrte der Sturm an unsichtbaren Luftnähten, risse sie aus dem Falz und schließe sie ins Toben mit ein. Auf zum Geisterschneiden!
Im Tümpel hinter dem Wirtshaus lag ein junger Bergfrosch, ließ den Wind, der das Frühjahr heranbringen mußte, über sich hinwegstürzen. Und drinnen, auf dem ersten Fenstertisch, saß die alte Kellnerin und las in der Zeitung. In bangen Nächten nahm sie seit einiger Zeit öfters Tabletten und fand meist trotzdem erst sehr spät die richtige Einschlafstellung. Und fast immer wachte sie schon lange vor der Schwelle zum Morgengrauen wieder auf – nur selten erquickt.
Im Zoo in der Hauptstadt, das stand in der Zeitung, war eine vierzehn Kilo schwere seltene Schlange qualvoll gestorben, weil der Thermostat falsch eingestellt war.

270. STORMY MONDAY

Alberts Nachbar ist bei seiner beruflichen Tätigkeit schwer verunglückt und kann nicht mehr arbeiten. Er war natürlich versichert und bekommt jetzt jeden Monat einen Geldbetrag ausbezahlt: die Unfallrente. Der Nachbar hat früher auch gern gezeichnet, am liebsten alte Autos. Jetzt aber ist er dabei, sich ein anderes Steckenpferd zu suchen, möglichst eines, für das er die Hände kaum braucht. Wie wär's, wenn er versuchen würde, das eine oder andere Lied aus Alberts Sammlung schwarzer Mississippi-Lieder nachpfeifen zu lernen?
Albert selbst: ein durchaus feiner Mensch, der eine offensichtliche Schwäche für Mehlspeisen hat.

271. NACHHER

Speichel heilt, sagt man, und das stimmt natürlich. Also leckt er ihre Wunden. Warum sie aber so große Augen macht? – Damit auch sie ihn besser fressen kann! Sie duscht dann, zieht sich an und schminkt sich. Beide verlassen sie das Abstellgleis, auf dem sie diesen Tag begonnen haben, und steuern dann hinaus auf ihre Strecke. Der Trotz, mit dem sie weiter glauben will, alles so angehen zu können, daß sie nicht unter die Räder kommt!
Auftritt: die neuen Gefühle. Sie können, das zeigt sich bald, von einer Minute zur anderen fast alles loslassen und abwarten, was geschieht.
»Süßes Mädchen«, sagte einmal einer zu ihr, und sie war zu müde, um zu kontern, also schwieg sie bloß und sparte Kraft.

272. HURTIG

Sie griff sich selbst an die Lefzen, äugte wie verglast zur Seite. Oben rollten barsche Wolken über Hügel- und Bergland. Als sie aufblickte, schien etwas wie ein Wiedererkennen in ihrem Gesicht zu sein; ja, sie erkannte diese Wolken wieder, es waren die Wolken der Kindheit, zerrissene Türme, besudelte Schleier, die voranschossen und so taten, als hätten sie ohnedies nichts zu tun mit der sich zornig dahinschleppenden Menschenwelt.
Sie stand unschlüssig da, siedende Nüstern. Küßte einen leichten Windstoß. Eine vom Sturm heruntergefetzte Dachrinne teilte die Straße in zwei Hälften, die Augen sahen das und gingen wieder retour.
Waren jetzt Tiere in ihr, so mußten sie allesamt und unverzüglich freigelassen werden, sofort! Nur eine wilde Folge von Fluchtbewegungen konnte sie wieder zurückführen in die ursprüngliche Langsamkeit, in der sie sich bewegte wie unter Wasser.

273. AM TAG DER VIERZIG MÄRTYRER

War der Schädel aus Plastik, ein bunter Ersatzteil? Sie stieg auf eine Rolltreppe, fuhr schräg über die Kosmetikabteilung hinweg. Spiegel, Meere. Nicht jede der sich mischenden Stimmen gehörte dazu, aber die Gerüche, alle zusammen, waren richtig. Nasse Zähne in der warmen Luft. Sie sah eine Frau mit Einkaufswagen und Schleierschwanzkleid mit einer anderen zusammenstoßen, und beide blickten sofort zur Seite, damit die Sache vorüber war.
Stunden später stand sie mit dem Fieberthermometer in der Achsel beim Telefon, sprach leise und langsam, nicht aber gequält, obwohl vieles jetzt quälte. Dann stockte sie, hörte schweigend zu und schaute dabei auf die Uhr, warf ihr einen von ihren Fleischblicken zu.

274. EINE BRÜCKE

Im Winter also Zeitungspapier in den Stiefeln. Alles schwankt, aber es geht dahin. Wie geht es dem Geld? Das Geld jault und haut sich in die Ecke. Und die Frösche, einjährige Draufgänger durch und durch, stehen schon kurz nach der Schneeschmelze wieder vor der Tür und sind bereit. Wie junge Gangster!
Es ist noch kalt. Die Katzen bekommen gewärmte, mit Wasser verdünnte und mit Asche wieder verdickte Milch. Sie lehnen sich nicht auf und fressen, was da ist.
In der Nachbarschaft: Die Frau mit dem Trankkübel hat ein geschwollenes Knie, bringt aber trotzdem täglich den verfütterbaren Haushaltsabfall zum Bauernhof hinüber, damit die Schweine nicht zu kurz kommen.
Der Bub mit der Thermohose und den Atemwolken vor dem Gesicht: ihr Neffe. Er hat ständig Alleskleber bei sich und spricht, wenn er spricht, sehr deutlich und laut. Der wird es einmal zu etwas bringen, sagt nicht nur die Tante gern in seiner Gegenwart, und er hört das natürlich.

275. EIN MÄDCHENTAG

Der Anfang ist gut. Das Wetter lacht. Dann die zwei langen Jahrzehnte unter der Fuchtel der Mutter, als gäbe es etwas anderes schon nicht mehr. Nur wenige leidenschaftliche Empfindungen, von denen sie sich, wenn sie sich richtig erinnert, in all diesen Jahren bewegt fühlt. Sie spürt natürlich, daß auch ihr Edelmut und ihre Scheu gewisse Grenzen kennen, und folgerichtig pfeift sie denn zuguterletzt auf manche Rücksichten.
Hier nur soviel: Sie findet eine Anstellung im Büro einer Ofenfirma und wohnt von da an entschlossen allein. Sie geht nicht mehr zum Turnverein und löst sich noch aus allerlei anderen Verpflichtungen. Sie ißt viel Saures und läßt sich manchmal Zeit, manchmal auch nicht. Wenn sie einmal Kinder hat, kann auch sie ihnen viel erzählen über dieses Leben, falls es sie interessiert.

276. FELICITAS IM MAZDA

Wie ihrer beider Verrücktheit gut zueinanderpaßte! Himmelhoch jauchzend, zu Tode vergnügt. Die Minuten sollten wieder anschwellen und jede ein ganzes Leben enthalten, unbedingt.
In der Nacht ging sie auf den Schlagzeuger zu, als wollte sie durch ihn hindurchsteigen. Es war ein Traum, aber wie jeder Traum war er wirklich, und der Schlagzeuger war hauptberuflich in einem Nahrungsmittelbetrieb zu finden, hatte eine uralte Sonne auf den Kotflügel seiner Limousine gemalt. Ende des Traums?
Am späten Abend war sie in einem alten Mut-Fetzen zum Parkplatz gelaufen, hatte mit den Augen die Fenster sauber gewischt und war ein Stück gefahren, bis sie die Scheibenwischer einschalten mußte. Sie fuhr zur Sex-Ecke und wußte wohl, daß jede Nacht bereits die nächste in sich stecken hatte.
Wer oder was zieht wen oder was um zwei Uhr früh durch die verschlampten Gegenden?

Sie riß, wieder fahrend, die Schultern zusammen und gab den Muskeln im Gesicht die lange Leine. Am Gehsteig stand ein Alter, rieb sich die Finger ins Hemd. Neonkerne zerkrachten schräg hinter ihm. Du aber, glückliches Österreich, heirate, hatte einmal einer gesagt, der ungefähr in seinem Alter gewesen sein mochte.
Sie ließ ihn stehen.

277. WILD

Der Winter ist vorbei. Ein paar Hardrock-Buben rauschen mit ihren speckigen Fliegenpilzmänteln über nasse Gehsteige. Sie spucken die Stadt an, sie peitschen Luft über die Frisuren, entzünden Abendblätter, ruppige Zeilen. Springen kleine Silberhirschen durch die Ringe, die aus ihren Köpfen steigen?
Schon bevor die Tage deutlich länger werden, werfen die ersten Geweihtragenden ihre Stangen ab. Den Kopf schief halten: Schließlich sind da ein paar Kilogramm drauf! Die jungen Geweihe aber sind noch von einer samtigen Haut überzogen: Das »Fegen« dauert dann oft wochenlang an, die Spuren haben etwas Zerschlitztes, Zerkratztes an sich.

278. BESCHLEUNIGUNG

Länger als zwei drei Stunden kann sie nicht dableiben, sagt sie. Er glaubt ihr das nicht, auch wenn er weiß, daß es stimmt – und stimmt es überhaupt?
Jeder Tag dreht den Kopf in eine andere Richtung, stellt ihn auf, boxt ihn in eine neue Form: So also schauen wir aus!
Die Plakatwand draußen stirbt weg, seit fast einem Monat schon.
Soll schon nächstes Jahr hier ein Baby brüllen, quer durch die Nächte?
Im Bad frische Seife, Schaum drauf, aber schon angetrocknet.

279. SPIRALE

Die Brüder haben Masern. Masernbrüder. Und auch den Chemiebaukasten haben sie endlich bekommen. Doktor Alf kreuzt auf, sein Lederkapperl am Kopf. Er überfliegt die Situation mit einem schnellen Büroblick, ein Lächeln hinter den Augen.
Am Boden kniet der Hund, steht auf, schüttelt sich wie ein Reh. Am Tischrand liegen Autoschlüssel. Als der Doktor den Raum verläßt, lacht er wie ein Donnervogel. Das Gelächter, auch wenn es noch so kraftvoll ist, entschwindet, aber die Verlachten bleiben zurück, in schwachem Sonnenlicht, in frostzerbissenen Nächten, mit schnellen Blicken, Müdigkeit und Neugier. Und in Abständen haut der Wind vertrocknete Blätter durch den Entlüftungsschacht.

280. VON DER SCHÖNHEIT

Ein graugoldener Himmel spannt sich über die Bundesstraße, tapferer Verkehr in beiden Richtungen, Schneefallgrenze bei knapp unter zweitausend Metern, aber es sieht noch gar nicht nach Niederschlägen aus. Aus seinem grünen Volvo steigt der Leiter der Rotkreuz-Fortbildungsveranstaltung, grinst sofort wieder albern. Sein Kursleiteranzug ist vernudelt, zumindest unelegant, sein Herz jedoch ist auf dem rechten Fleck. Nordwind bläst ihm in den Rücken.
Er geht aufs Rotkreuzgebäude zu; im Bereitschaftsraum sitzen zwei Diensthabende, tauchen kleine Fleischstücke in mit Soße gefüllte Schüsseln. Gruß hin, Gruß her, dann ein Geräusch, als ob ein schweres altmodisches Mieder mit einem einzigen Ausbruch von verzweifelter Kraft in der Mitte auseinandergerissen würde. Drei Flaschen alkoholfreies Bier stehen auf dem Kühlschrank, dahinter mehrere Schnitten eines Streuselkuchens. Eine mürrische Behausung das.
Der Abend dieses Tages aber ist voll tiefer Ruhe.

281. FIRNIS

Die Kinder spielten ein schnelles, den Körper entwässerndes Spiel. Hin und wieder waren Lufteinziehgeräusche zu hören, ein Schnaufen, wie es Schachspieler in der Stille von sich geben, um die Anspannung zu lösen oder bloß klarzumachen, daß sie auch als Körper noch anwesend waren und gegenwärtig.
Und die Kunststudentin lag im Schwungsessel und ließ sich mit Gerede füttern. Sie tat, als hätte sie nun unversehens ihren Frieden mit der Welt geschlossen, ohne dies beabsichtigt zu haben. Zwischendurch machte sie eine kleine Zeichnung mit einem Schokoladestift, sie ließ Regen auf ein Haus fallen, das Dach aus Zunder. Im Schneidersitz schlief sie dann fast ein, samt der ledernen Tasche, die mit Gerüchen geduscht war.
Zuletzt kam eins der Kinder rüber und fragte, ob Menschen im Bauch eines Wals denn tatsächlich überleben könnten.
Draußen der harte, krachend-helle Tag, Hühner schwartelten über die Wiese, und im Radio stürmten die Ramones über imaginäre Bretter: frisch gestrichen.

282. SUMME

Sie sprachen fünfzig, sechzig Worte miteinander, gingen dann wieder ihrer Wege. Unter der Bank, in deren Nähe sie gestanden hatten, erschien danach ein kleiner Bodenvogel, Federn wie ein Pelz.
Sah der Vogel in die Abgründe? – Er verzog sich, beschäftigte sich anderweitig, ließ nicht einmal ein Zeichen zurück dafür, daß er wirklich dagewesen war.

283. SO LEBT DOCH NIEMAND

Nein, es gibt keine »Beweise« dafür, daß die »Liebe« tatsächlich »existiert«. Was »existiert« denn schon! Kleine blaue Fährten schräg unter dem Körper. Eine Wolke im Löffel. Überschneidungen. Und gähnende Neugier. Plus die verschiedenen Wasserl, die auf ihre ganz individuelle Art unberührt dahinplätschern, während man tatsächlich mehr oder weniger nur noch in den Wohnungen herumliegt, die Erlebnisse kombiniert, Bestandteile mischt. Und die pastellgrüne Frau, sehr jung, die ganz nahe herankam und unverwandt schaute, sehr interessiert, während die Stadt wie eine Wurstmaschine lief, war bloß ein kurzer Schnitt durch die Blässe und Hilflosigkeit, die hier alle mit allen verband.

284. SCHRITTE

Sind wir ungerecht mit dem Wirbel der Erscheinungen, wenn wir ihnen eine selbständig sich entwickelnde Eleganz abverlangen, die bestenfalls in der Abfolge der Wahrnehmungen, nicht aber in den Erscheinungen selbst liegt?
Endlich ist die Bastelarbeit für die Tochter fertig. Endlich hat sie auch den zweiten roten Schuh wieder gefunden.
Mächtige Sprungfedern sind in den Möbeln, die Hände reiben drüber: Spannung. Im Rundfunk wird erklärt, wie man eine Kettensäge repariert. Und hier: Erde auf der frischen Pflanzenhaut. Rastlose Schritte. Trifft das Licht den Rand des Kerns der Dinge?
Auch in ihrem Inneren, das weiß sie, ist jetzt jeden Tag eine ganze Welt, und tief im Keller ihres Herzens glost ein heilloser Brand, wirft lauernde Schatten nach außen. Spätabends, im Fernsehen, sieht sie Miriam Goldschmidt in einem Schauspiel wie toll durch die Räume schreiten, und wiederum ist ihr, als würden alle leisen Worte auch ihr Ziel erreichen; unauffällig, langsam, sicher.

INHALT

Herz	7
Karo	7
Stare, Stars	8
Selten befahrene Meere	8
In den Minuten	9
Achsen	10
Auf	11
An der Quelle	11
Spektrum	12
Außer Reichweite	13
Enten	13
Das letzte Stroh	14
Lichter und Irrlichter	14
Frühlingsstimmenwalzer	15
Intermezzo	15
Im Tagesrausch	16
A day in the life	16
Vorbehalte	17
Flußwunder	18
Spät	18
Gugel Mugel	19
Saum	19
Küche	20
Oder hier	20
Linien	21
Nerven	21
Vier Uhr	22
Kraftfeld	23
Erbsenpüree	23
Föhn	24
Fast Marmor	24
Zwei Zimmer	25
Moordotterblumen	26
So begann der Tag	26
Pack	27
Prisma	27
Motoröl	28
Die Waldordnung	29
Die Pranke	30
Fehlalarm	30
Wacker	31
Stille Betrachtung an einem Frühlingsabend	31
Verhaltene Unruhe	32
Bis in die Fasern	32
Staub	33
Am Tümpel	33
Es geht los	34
Und weiter	34
Momente	35
Neue Kette	35
Davon abgesehen	36
Ein Herz und zwei Seelen	36
Everything is fine	37
Keine Frage	37
Sachte	38
Strudel, Bögen	39
Felsen	40
Pfützen	40
Über den Daumen	41
Federleicht	42
Ruhige Gegend	42
Frisches Fleisch und Rosen	43
Im Hof	43
Zustände	43
Kampflos	44
Der Geschmack der Wiesen	45
Das Gleichgewicht	45
Landauf, landab	46
Nembutal	46
Kleine Erhebung	47
Dasselbe	48
Gesang an der Quelle	48
Schwarze Tasche	49
Barfuß und schwanger	49
Elementares	50
Am Johannistag	50
Totentrompeten und warme Luft	51
Patt	52
Tango	52
Schweinkram	53
Freundschaft	53
Mut	54
Auf verwachsenen Pfaden	54
Dauerwelle	55

Das Schwierigste	56
Maserung	56
Langer Weg	56
Kraft	57
Ordnung machen	57
Das Licht, kurz vorm Verschwinden	58
Sittenbild	58
Nebenrollen	59
Zweite Welle	59
Stauden	60
Am Margaretentag	61
Zwei Schwestern	61
Rast	62
Kontrolle	62
Immer die Sonne	63
Von Minute zu Minute	63
Telefon	64
Bring it on home	64
Gestank steht auf der Treppe	64
So wie ein Tier sich morgens niederlegt, um auf den Schlaf zu warten	65
Mansarde	67
Good afternoon, Zeltfest	68
Heiß	68
Seite an Seite	68
Wo die Weiden zittern	69
Weit genug	70
Konturen	70
Freitag	70
Minuten	71
Schirme	71
Eierlicht	72
Frische	72
Sauber und schnell	73
Wird schon noch	74
Kleine Schleife	74
Bier für die Buben	75
Temperaturen	76
Unversehrt	76
Heimat	77
Ein Beispiel	77
Schöner Mais	78
Ohne Geschrei	78
Ein Ärgernis	79
Minze	79
Gelb	80
Um nichts in der Welt	80
Am Bartholomäustag	81
Rotz und Wasser	81
Etwas fehlt	82
Die ersten Fehler	82
Familien	83
Vom Schönen in der Welt	84
An den Oberflächen	84
Von fern ein Klopfen	84
Nichts anfassen	85
Wallungen	85
Kuchen mit Rose	86
Brav	86
Einiges über Gastronomie	87
Böses Licht in der Küche	88
Die Wunde bleibt geschlossen	88
Kleiner Schrecken	88
Ein bißchen mehr	89
Rückenwind	90
Tempo	91
Weißes Rauschen	91
Windrose	92
Auf der Hut	93
Jubel	93
Leben, Treiben	94
Die Hälfte	94
Parabel	95
Luft und Knochen	96
Tragseil	96
Über die Geleise	97
Zuviel von gestern	97
Lax	98
Schwaden	99
Männer, Frauen, Kinder	99
Schleifen	100
Also doch	100
Rippenstück	101
Kein Wunder	101
Bewegung	102
Sicher	102
Im Uhrzeigersinn	103
Vergaloppiert	104
Schall, Rauch	105
Altweibersommer	105

Alarm 105	Immer so weiter 131
Ohne Überschwang 106	Ein leises Knacken 131
Blickspanne 106	Dann losbrüllen 131
Eine gewisse Neugier . . . 107	Die mürrische Heldin . . . 132
Seidenkraut 108	Auf Kredit 133
Am falschen Ort 108	Die einzige Richtung. . . . 133
Lange nach Büroschluß. . . 109	Eine Lücke 133
Sanfte Ringe. 109	Verschwinden 134
Samstag 110	Dieses und jenes 134
Bilder, die fallen 110	Drüsengeschichte 135
Es läuft 111	Ein Versteck 136
Blinder Fleck 112	Herzen mit Federn 136
Parkrätsel 112	Mechanismen 137
Blutstein 113	Schmale Klammer 137
Formwelle 113	Heim vor der Dunkelheit . . 138
Regenzeit 114	Ein Feldweg 139
Geweitete Pupillen 115	Wie gestochen 139
Sachen, Ursachen 115	Weiter 140
Methode 116	Elf Uhr fünfzig 140
Ein Grund mehr 116	Anruf 141
Energie 117	Warmes Geld 141
Furchtlos 118	Regionalzug 142
Fliegende Würmer 118	Ein Seitenstück 142
Zugzwang 119	Nachhall 143
Hart am Abgrund 120	Reise 143
Auf gut Glück 120	Taten folgen Worte 144
Dreikäsehoch 121	Schwur 145
Nachtluft 121	Die Furt 145
Schreiender Beweis 122	Schwingungen 146
Wie hoch ist die Mauer . . . 123	Puls 146
Wärme, Bewegung 123	Abkürzungen 147
Afterglow 124	Mit gekreuzten Beinen . . . 147
Die Erde bebt 124	Selbstbedienung 148
Müde jetzt 125	Leckerbissen 148
Schnellere Schritte 125	Wellen 149
Routine 126	Schon gut 149
Advent 126	Unterschied 150
Halb vorbei 127	Zu solcher Stunde 150
Der Rest des Tages 127	Die Geschichte vom
Schlingen 128	König Brauser 151
Wird er wegziehen,	Die Augen kommen heim . . 151
wird er nicht wegziehen? . 128	Wilde Jagd 152
Hell und dunkel 129	Eine Ahnung 152
Job 129	Blick auf einige Häuser . . . 153
Auf dem Sprung 130	Heißes Auge 153
Café 130	Rezept 154

Im Ton des Lebens 154	Eine Brücke 159
Gebrochener Pfeil 155	Ein Mädchentag 160
Linke Achsel 155	Felicitas im Mazda 160
Der große Schlaf 156	Wild 161
Am Rosenmontag 156	Beschleunigung 161
Windiges 156	Spirale 162
Stormy Monday 157	Von der Schönheit 162
Nachher 158	Firnis 163
Hurtig 158	Summe 163
Am Tag der Vierzig	So lebt doch niemand . . . 164
Märtyrer 159	Schritte 164